Berlin

Übern Damm und durch die Dörfer

382 Fotografien von Renate von Mangoldt
Zwölf Essays von Walter Höllerer
Herausgegeben vom Literarischen Colloquium Berlin

Die Fotografien entstanden in den Jahren 1974 bis 1977, aufgenommen mit Asahi Pentax mit Takumar 1:2/35 und Takumar 1:1,4/50 auf Ilford-Film FP 4.
Das Foto auf Seite 119 stammt von Wolfgang Ramsbott.

ISBN-Nr. 3 920392 57 4
Zweite Auflage

Layout: Wolfgang Ramsbott
Klischees: Terra-Klischee Berlin
Druck und Gesamtherstellung: Kupijai & Prochnow Berlin

Inhalt

Berlin - übern Damm und durch die Dörfer

„Konsequent, konsequent“, sagt Lenz bei Büchner, wenn er mit rasender Schnelligkeit sein Leben durch jagt. — „Inkonsequenzen machen erst das Leben aus“, — so überstand Heinrich Heine eine Welt, die man ihm als konsequenten preußischen Drehkäfig über den Kopf stülpen wollte. Er ging in Berlin nicht Preußens Gloria nach, — er fragte: ‚Ist's Fräulein zu sprechen?‘, und machte sich über den ‚schönen, schönen, schönen-grünen Jungfernkranz‘ lustig.

Berlin ist, an allen Ecken, konsequent mit Inkonsequenzen durchsetzt. So lebt es, — — und es jagt, und es fragt dagegen. Berliner: sie sind inkonsequent auf Konsequenzen aus. Nicht nur in ihrem Witz. Sie wollen der Mittelpunkt sein, vor allem der Mittelpunkt *bleiben,* — und pochen dabei auf ihre Diaspora-Besonderheiten. Sie sind das Neueste, und hängen doch sehr, als Neuestes, an ihrem alten Dreh. Neuigkeits-Weltblatt Berlin. Hier ist Berlin, — hier spring. In dieser City aus Flecken und Atmosphären streifst du über den City-Damm, und läufst durch die einzelnen Dörfer, und überall meinst du, du bist dem *einen* auf der Spur, und dabei stößt du auf das *andere*: Bist dem Mittelpunkt auf der Spur, und stößt aufs Sporadische. Bist dem Neuesten auf der Spur, und gehst doch dem Alten ins Netz. Glaubst dich der City ganz nahe, aber das Dorf liegt zum Greifen vor dir. Gerätst in Gewölbe, verlassene Lagerhallen, in denen Erstaunliches aufgehoben wird, unter einer konsequenten Oberfläche: unter einem Leib aus Beton und mit Masten aus Eisen. „Ebbe und Flut des Geldes kam, Sturmflut der Not kam, — die Armada der Automobile zog vorüber“, — und Koeppen schiebt seine Hand gegenüber der Gedächtniskirche aus dem Romanischen Café, — nein, aus dem Europa-Center, auf diese Stadt, — ja, alles ist konsequent.

Da sind private Menschen und Situationen, weltoffen, in umfassender Skala, und es fährt ein Meerwind aus großzügigen Nordbreiten durch die Straßen, und es fährt dir, aus Seiten-Alleen, ein unbekümmerter bäurischer Wind aus dem Osten unter die Jacke, und das balgt sich, und jagt sich durch die Straßen, und greift dir in die Poren, und unters Hemd, und faßt dir ins Gehirn, und lüftet dich aus an diesem Abend, bei redenden Leuten unter dem Laub der Chausseebäume, — eine bewegliche, reichlich für dich gefleckte Welt, in einem auffliegenden Wind, der auf Anfang aus ist, — und in der Nähe, am Kanal, unter den Häusern, wo der Tod dicht gesät war im Kampf der letzten Kriegstage, der wiederum nur der i-Punkt war auf andere Kämpfe zuvor, da steckt dieses Skelett in der Nähe, und zittert mit in gegenwärtigen Aufmärschen, in Demonstrationen. — ‚Inkonsequent?‘, so hörst du das Wort heraus, ungläubig intoniert, im polnisch-französisch-argentinischen Murmeln des Berlin-Besuchers Gombrowicz, — inkonsequent? Europas von der neueren Geschichte am stärksten durchtränkter Ort. Europas empfindlichste Stelle. — — Berlin ist schwer zu fassen.

HACO

1500 Zimmer
Einzelmöbel

U
12 06

CAMEL FILTER
CAMEL FILTER
LOTTO
TOTO
LOTTO
TOTO
PRO
LICHT- U. KRAFTANLAGE
FILTER
Reyno
FILTER
Winston

Stadtring Nord

BILDER

Charlottenburger Pils

Berliner Stadtgrenze
Grenze Berlin (West)- Berlin (Ost)
Bezirksgrenze
Ortsteilgrenze
REINICKENDORF
PANKOW
WEISSENSEE
SPANDAU
CHARLOTTEN-BURG
WEDDING
PRENZ-LAUER-BERG
TIER-GARTEN
MITTE
FRIED-RICHS-HAIN
LICHTENBERG
WILMERSDORF
KREUZBERG
SCHÖNE-BERG
TEMPEL-HOF
NEUKÖLLN
TREP-TOW
ZEHLENDORF
STEGLITZ
KÖPENICK
28 Frohnau
27 Heiligensee
27
Hermsdorf 28
28 Waidmannslust
Lübars
26
Konradshöhe
Tegel
27 Wittenau
51
Reinickendorf
27
52
1108 Blankenfelde
Buch 1115
Buchholz 1113
Karow 1116
1106 Rosenthal
Blankenburg 1114
Niederschönhausen 111
110 Pankow
Heinersdorf
Malchow 1129
Wartenberg 1127
Falkenberg
Weissensee 112
Hohenschönhausen 1125
20
Spandau
Haselhorst 20
Siemensstadt 13
13
Staaken 20
20
1071
1058
1055
1018
Marzahn 1146
10
21
104
1054
1034
1035
19
12
30
108
102
36
1017
Lichtenberg 113
Friedrichsfelde 1136
Kaulsdorf
Biesdorf 114
1138
Mahlsdorf 115
Gatow 22
Grunewald 33
15 Wilmersdorf 31
Schmargendorf 33
62 Schöneberg
Friedenau 41
61
Treptow 1193
1134
1157 Karlshorst
42 Tempelhof
Neukölln 44
Baumschulenweg 1195
Oberschöneweide 116
119 Niederschöneweide
22 Kladow
33
Nikolassee
Dahlem 33
Steglitz 41
37
Zehlendorf
38
Mariendorf 42
Britz 47
Johannisthal 1197
Adlershof 1199
1162 Friedrichshagen
117 Köpenick
Rahnsdorf 1165
Wannsee 39
45 Lichterfelde
Lankwitz 46
48 Marienfelde
47 Buckow
Rudow 47
Altglienicke
1168 Müggelheim
49 Lichtenrade
1185 Bohnsdorf
Grünau 118
Schmöckwitz 1186

Wilmersdorf

Architektur und Städtebau

Apartmenthaus, Hohenzollerndamm 35–36/Mansfelderstraße 29.
1929/30 von Hans Scharoun erbaut.

Bildungszentrum, Emser Straße.
1974 von der 10köpfigen Architektengruppe (zusammengesetzt aus den ersten 5 Preisträgern des Wettbewerbs) PBZ (Planungs-, Bildungsstätten-Zentrum) errichtet. Integration öffentlicher Einrichtungen wie Volkshochschule, Jugendfreizeitheim, Stadtbücherei und Mittelstufenzentrum.

Dorfkirche Schmargendorf, Breite Straße.
Die kleinste aller noch vorhandenen Dorfkirchen; Anfang des 14. Jahrhunderts erbaut. 1895 und 1937/38 erneuert. Das Kruzifix auf dem neuen Altar stammt aus der Zeit um 1700.

Fehrbelliner Platz.
Dokument Berliner Baugeschichte von 1899–1973. Bis 1912 wurde er als Prachtplatz der gerade entstandenen „Prachtstraße" Hohenzollerndamm vorgesehen, dann änderte sich der Plan mit der Einrichtung einer U-Bahnstation, die noch vor dem ersten Weltkrieg fertiggestellt wurde. Der Platz über der U-Bahn war weites Feld mit Schrebergärten und Parkanlagen. Die eigentliche Bebauung begann, nach Bauten in der weiteren Umgebung ab 1921, erst 1935/36 mit dem Karstadt-Verwaltungsbau von Philip Schäfer und dem Nordsternhaus von Otto Firle (letzteres jetzt unter Denkmalschutz), z. Zt. Sitz des Innensenators. Bauten für die „Deutsche Arbeitsfront" (1936–38 und 1941–43) schlossen sich an, sie wurden in den Jahren 1955–59 etwas verändert. Der Platz wurde 1973 mit dem Neubau (Erweiterungsbau der Bundesversicherungsanstalt) der Brüder Rolf und Jan Rave geschlossen. 1971 hatte der Berliner Baudirektor Rainer G. Rümmler mit seinem knallroten U-Bahnhof mitten auf dem Platz einen Farbfleck gesetzt.

Freie Volksbühne, Schaperstraße 24.
1962 von Fritz Bornemann erbaut.

Griechisch-Orthodoxe „Auferstehungs-Kathedrale", seit 1938 am Hohenzollerndamm.
Vorher befand sich die Kathedrale in der 3. und 4. Etage eines Wohnhauses („Domklause") am Fehrbelliner Platz, wo sie mit mehreren kleinen Türmchen und einem großen Zwiebelturm regelrecht aufgepfropft war.

Grunewald.
Heute Ortsteil von Wilmersdorf. Der Landstrich nannte sich früher „Teltowsche Heide". Seinen heutigen Namen verdankt er dem im Jahr 1542 erbauten Jagdschloß „Zum grünen Wald", dem späteren Schloß Grunewald.
Im Jahr 1889 trennte man von dem Waldbestand des Grunewaldforstes ein großes Gebiet für die geplante „Villenkolonie Grunewald" ab. Große Mengen gefällter Bäume standen nun billig zum Verkauf: „Im Grunewald, im Grunewald ist Holzauktion", sang man zu dieser Zeit in ganz Berlin. Durch Ausbaggern des Fenngeländes entstanden die vier Grunewaldseen Diana-, Koenigs-, Hertha- und Hubertussee.

Grunewaldturm, an der Havelchaussee.
1897 ließ der Kreis Teltow, zu dessen Gebiet bis 1920 der Grunewald gehörte, von Franz Schwechten den 55 m hohen Aussichtsturm bauen, der dem Gedächtnis an Kaiser Wilhelm I. gewidmet ist. Von der Plattform hat man einen weiten Blick über Havel und Grunewald.

Hochhaus des Senators für Bau- und Wohnungswesen,
Württembergische Straße 6 am Fehrbelliner Platz.
In einem Informationsraum und in den einzelnen Stockwerken besteht eine ständige Ausstellung von Modellen der wichtigsten Berliner Bauvorhaben in den einzelnen Stadtbezirken.

Islamische Moschee, Berliner-/Ecke Briennerstraße.
1924 aus Mitteln der islamischen Gemeinde in Lahore erbaut.

Ehemaliges **Joachimsthalsches Gymnasium,** Bundesallee 1–12.
Erbaut 1875–80. Eins der wenigen erhaltenen spätklassizistischen Bauwerke, unter dem Einfluß Schinkels von Ludwig Giersberg, Heinrich Strack und anderen Architekten entworfen. Von 1880–1912 Sitz des „Gymnasii Joachimici", das zu Anfang des 17. Jahrhunderts im uckermärkischen Städtchen Joachimsthal vom brandenburgischen Kurfürsten Joachim Friedrich gegründet worden war.
Heute beherbergt es die Büros der „Berliner Festspiele GmbH", einschließlich der „Internationalen Filmfestspiele", die „Karajan-Stiftung", das „Julius-Stern-Institut" (zur Förderung musikalisch Begabter) und die Musikinstrumentensammlung.

„Kino Universum" am Lehniner Platz.
1926–28 von Erich Mendelsohn erbaut;
während der NS-Zeit „Luxorpalast", jetzt vorgesehen als Domizil der „Schaubühne am Halleschen Ufer".

Kirche am Hohenzollerndamm und Gemeindehaus,
Hohenzollernplatz/Nassauische Straße.
1931–33 von Fritz Höger erbaut. Er nennt den Bau in der „Bauwelt" 1933 ein Beispiel dafür, „daß auch bei moderner Konstruktion in allersachlichster nackter Anwendung in gesteigertem Maße sakrale Wirkung und gigantische Raumwirkung sich ergibt. Gotischen Geistes freilich sollte mein Bau sein, wie alle meine Bauten dieses innere Gepräge tragen".

Kirche der Christian Science, Wilhelmsaue 112.
1969 von Otto Bartning erbaut.

Kreuzkirche, Hohenzollerndamm/Ecke Forckenbeckstraße.
Um 1930 von den Architekten Ernst Paulus und Sohn Günther Paulus erbaut. Der breite vorstehende Turm ist durch einen Kreuzgang mit der zurückliegenden achteckigen Kirche verbunden. Dekoration der glatten Mauerflächen gegenüber besteht aus Backstein oder farbig glasierter Keramik.

Rathaus Schmargendorf, am Berkaer Platz.
1900–02 von Otto Kerwien in neugotischer Bauart errichtet; gilt als eine der gelungensten Stilerneuerungen der Jahrhundertwende.

Reichsknappschaftshaus, Breitenbachplatz.
1929–30 von den Architekten Max Taut und Franz Hoffmann erbaut.

Schmargendorf.
Ehemaliges Dorf, heute Ortsteil von Wilmersdorf. 1254 als „Marggrevendorff" erstmals urkundlich erwähnt. Gelangte bald teilweise und später ganz in den Besitz der Willmersdorffs.
1799 verkaufte Leopold Heinrich, der letzte aus dem Geschlecht der Willmersdorffs, die Güter an den Grafen Heinrich von Podelwils.
Bei Schaffung von Groß-Berlin 1920 wurde Schmargendorf dem Stadtbezirk Wilmersdorf zugeordnet.

Schoeler-Schlößchen, Wilhelmsaue 126.
Ältestes erhaltenes Wilmersdorfer Haus, 1752 als einstöckiges Bauernhaus entstanden, 1765 zum Herrenhaus aufgestockt, das 1893 von dem Augenarzt Heinrich Schoeler gekauft wurde. Heute Sitz eines städtischen Kinderheims.

Teufelsberg, am Teufelssee.
Nach dem 2. Weltkrieg aus dem Berliner Trümmerschutt entstanden. Ausflugsgelände mit Rodelbahn, Skilift, Trimm-Dich-Pfad und Kinderspielplatz.
Auf dem „älteren" Berg befindet sich seit Ende der 50er Jahre die amerikanische Radarstation.

Villenkolonie Grunewald, zwischen Bismarckallee und Menzelstraße, Koenigsallee und Wernerstraße.
Ihre Entstehung ab 1889 verdankt sie vor allem Reichskanzler Bismarck. Es entstanden während 80 Jahren Villen und Einfamilienhäuser in den verschiedensten Stilrichtungen. Das größte Areal erwarb August Scherl, 1849–1921, Berliner Zeitungsverleger. Von seiner 1903 errichteten „Scherl-Villa" blieb nur das Portal der Zufahrt, Bismarckallee 32, erhalten.
Das älteste erhaltene Haus ist die 1890 von Hermann Solf für die Kammersängerin Lilli Lehmann errichtete Villa Herbertstraße 20.
In den 20er Jahren wohnten hier in der Villenkolonie u. a. die Schriftsteller Alfred Kerr, Maximilian Harden (Wernerstraße 16) und Gerhart Hauptmann.

Wasserwerk am Teufelssee.
1872 erbaut, 1969 stillgelegt. 1975 vor dem Abriß bewahrt. Zur Zeit steht es leer, es besteht Interesse der Berliner Bildhauergruppe „Plastik 71", dort Werkstätten einzurichten.

Wilhelmsaue.
Ehemalige Dorfaue im ältesten Teil von Wilmersdorf.
In der Wilhelmsaue nahe der Mehlitzstraße steht der große Granitblock aus dem Fichtelgebirge mit einer Bronzetafel, die auf die ländliche Vergangenheit hinweist.

Wilmersdorf.
Ehemaliges Dorf, heute Stadtbezirk, der von den drei Ortsteilen Wilmersdorf, Schmargendorf und Grunewald gebildet wird.
1293 zum ersten Mal urkundlich erwähnt. Benannt nach der dort ansässigen und begüterten Familie Willmersdorff, die die Entwicklung dieses Dorfs und des benachbarten Schmargendorf bis ins 18. Jahrhundert bestimmt hat.
1906 erhielt der Ort die Stadtrechte, bei der Schaffung von Groß-Berlin im Jahr 1920 wurde er Stadtbezirk.

Literatur

Vicki Baum, 1888–1960, Schriftstellerin.
Wohnte 1926–31 in Grunewald, Koenigsallee 45; sie war Redakteurin bei Ullstein.

Walter Benjamin, 1892–1940, Schriftsteller.
Verbrachte seine Kindheit im elterlichen Haus Delbrückstraße 23. Kehrte in den 20er Jahren nach Berlin zurück, lebte seit 1933 in Paris.

Bertolt Brecht, 1898–1956, Schriftsteller.
Hauptwohnsitz in den Jahren 1924–33 Spichernstraße.
Hauptwerke dieser Jahre: „Hauspostille" und „Dreigroschenoper".

Ferdinand Bruckner, 1891–1958, Dramatiker.
Gründete 1923 in Berlin das Renaissance-Theater, dessen Leiter er bis 1928 war. Hatte mit seinen Stücken im „Reportagestil" sensationelle Bühnenerfolge. 1933 Emigration, 1951 Rückkehr nach Berlin, wo er in der Emser Straße 1/2 wohnte.

Ion Luca Caragiale, 1852–1912, rumänischer Schriftsteller.
Wohnung vom Oktober 1907 bis Januar 1908 Hohenzollerndamm 201, zog dann in das Haus Hohenzollerndamm 12, wo er bis zu seinem Tod wohnte.

Theodor Däubler, 1876–1934, expressionistischer Lyriker.
Lebte seit 1898 zeitweilig in Berlin, von 1916–19 als Kunstkritiker; kehrte nach Auslandsaufenthalten 1926 schwerkrank wieder zurück. Wohnung in der Babelsberger Straße 50.

Samuel Fischer, 1859–1934, Verleger.
Wohn- und Verlagshaus Erdener Straße 8 in Grunewald (Gedenktafel).
Während der 20er Jahre Treffpunkt der literarischen Prominenz, u. a. Thomas und Heinrich Mann, Gerhart Hauptmann, Stefan Zweig, Franz Werfel, Hermann Hesse, Bertolt Brecht, Gottfried Benn, Rainer Maria Rilke, Alfred Kerr.
In den 60er Jahren unter Hans Werner Richter, Mentor der „Gruppe 47", wieder kultureller Treffpunkt bekannter Literaten, Wissenschaftler und Politiker. Hier wurde lange Zeit die Fernsehdiskussion „das literarische Colloquium" aufgezeichnet.

Theodor Fontane, 1819–1898, Schriftsteller.
Im Gedicht „Havelland" erwähnt er die Schildhornsage (siehe „Schildhorn", I Wilmersdorf, Sonstiges).
In seinem Roman „Frau Jenny Treibel" beschreibt er einen Gesellschaftsspaziergang vom Halensee zum Hundekehlensee.

Günter Bruno Fuchs, 1928–1977, Schriftsteller, Grafiker.
Wohnte Salzbrunner Straße 8 a.

Gerhart Hauptmann, 1862–1946, Dramatiker und Erzähler.
Wohnte in der Villenkolonie Grunewald. Zuerst in der Trabener Straße 2, dann von 1912–18 in der Hubertusallee 25.
Denkmal-Büste aus dem Jahr 1905 von Fritz Klimsch im Gerhart-Hauptmann-Park an der Bundesallee. Die **Gerhart-Hauptmann-Gesellschaft** hat ihren Sitz in der Bismarckallee 14.

Franz Kafka, 1883–1924, Schriftsteller.
Siedelte 1923 aus Prag nach Berlin über. Erste Wohnung, zusammen mit Dora Diamant, in der Miquelstraße 8 (jetzt Einfamilien-Neubau).

Alfred Kerr, 1867–1948, Kritiker, Schriftsteller.
Kam 1895 nach Berlin. Wohnte um 1917 in der Gneiststraße 9 in Grunewald, danach bis zur Emigration 1933 in der Höhmannstraße 6.

Else Lasker-Schüler, 1869–1945, expressionistische Lyrikerin.
Wohnte um 1913 in der Humboldtstraße 13 in Grunewald.

Heinrich Lautensack, 1881–1919, Lyriker und Dramatiker.
Grab: Friedhof in Wilmersdorf.

Erich Maria Remarque, 1898–1970, Schriftsteller.
Gedenktafel am Haus Wittelsbacherstraße 5, wo sein Roman „Im Westen nichts Neues" entstand.

Rainer Maria Rilke, 1875–1926, Schriftsteller.
Bezog 1899 die „Villa Waldfrieden" in der Hundekehlestraße 11, wo er den „Cornet" schrieb. Das Haus wurde 1910 abgerissen.

Gerhard Rühm, 1930, Schriftsteller.
Wohnte von 1964–76 im Haus Offenbacher Straße 8, im ehemaligen Atelier von Max Pechstein.
1972 fand dort der „Berliner Dichter-Workshop" unter Teilnahme von Friedrich Achleitner, Günter Brus, Dieter Roth, Gerhard Rühm und Oswald Wiener als Klausurtagung statt.

Hermann Sudermann, 1857–1928, Dramatiker und Erzähler des Naturalismus.
Ab 1880 in Berlin, Wohnhaus: Bettinastraße 3, heute auch Sitz der **Sudermann-Stiftung,** wo regelmäßig Literaturabende stattfinden.
Grab: Friedhof Halensee-Grunewald, Bornstedter Straße.

Peter Szondi, 1929–1971, Professor für vergleichende Literaturwissenschaft an der Freien Universität Berlin.
Selbstmord am 8. Oktober 1971 im Halensee.

Kurt Tucholsky, 1890–1935, Schriftsteller.
Jurastudium in Berlin. 1913–33 Mitarbeiter, ein Jahr Herausgeber der „Schaubühne". 1929 Emigration nach Schweden, 1933 Ausbürgerung. Wohnte um 1914 in der Nachodstraße 12.

Bildende Kunst

Galerie André, Pfalzburger Straße 80.
Aussteller von bekannten Gegenwartskünstlern (Vostell, Hrdlicka, Günter Grass).

Galerie Gerda Bassenge, Erdener Straße 5 a.
Klassische Moderne (Grosz, Dix, Kollwitz u. a.), zwei bis dreimal jährlich finden Auktionen statt.

Galerie René Block, Schaperstraße 11.
Neo-Dadaismus, Objektkunst, Prozeßkunst mit kritischem Einschlag, Konzeptkunst und Minimal-Art, Umschlagplatz für Vostell und Beuys.

Galerie Bremer, Fasanenstraße 37.
Vertritt Künstler wie Heiliger, Trökes, Trier.

Galerie Natubs, Bregenzer Straße 1.
Künstlerkneipe mit Galerie; hier tritt die **„Berliner Hymnentafel"** auf, die altes Liedgut „bierernst" auf den Arm nimmt.

Kommunale Galerie, Hohenzollerndamm/am Fehrbelliner Platz.
Zum Kunstamt Wilmersdorf gehörig, das auch die bunten Plastiken auf dem Mittelstreifen des Hohenzollerndamms aufstellen ließ.

Majakowski-Galerie, Kurfürstendamm 72.
Zusammenarbeit mit DDR und UdSSR. Realismus der 20er Jahre.

Max Pechstein, 1881–1955, Maler, Mitglied der „Brücke".
Wohnte am Bismarckplatz und in der Offenbacher Straße 8.
Grab: Auf dem kleinen Friedhof an der Dorfkirche Schmargendorf.

Musik

Berliner Konzert-Chor, Geisbergstraße 38.
Gegründet 1954. Bietet vier Konzert-Programme pro Saison, das Repertoire reicht von Bach bis Pfitzner. Gelegentlich werden Konzertversionen wenig bekannter Opern aufgeführt. Veranstaltungen in Krankenhäusern, Gefängnissen und Freilichtbühnen.

Engelbert Humperdinck, 1854–1921, Komponist.
1900–1920 Professor an der Akademischen Meisterschule für Komposition Berlin.
Zog 1918 in das Haus Hubertusallee 25, in dem zuvor acht Jahre lang Gerhart Hauptmann gewohnt hatte.

Internationales Institut für vergleichende Musikstudien, Winklerstraße 20.
Archiv-, Forschungs- und Veranstaltungs-Institut für außereuropäische Musik.

Leon Jessel, 1871–1942, Komponist von Erfolgsoperetten wie „Schwarzwaldmädel" und „Postmeisterin".
Wohnung und Gedenktafel: Düsseldorfer Straße 47.

Musikinstrumentensammlung, Bundesallee 1–12.
Seit 1963 im früheren „Joachimsthalschen Gymnasium" untergebracht. Umfaßt rund 2000 Objekte meist noch spielbarer Instrumente vom 16. Jahrhundert bis zur Gegenwart und dient als zentraler Bestandteil des Staatlichen Instituts für Musikforschung Preußischer Kulturbesitz der instrumentenkundlichen Forschung.

Sing-Akademie zu Berlin, Lynarstraße 1 a.
Traditionsreichster Berliner Chor, 1791 unter Friedrich Wilhelm II. gegründet. Ursprünglich widmete er sich hauptsächlich der Choral-Musik Bachs und älterer Meister. Im frühen 19. Jahrhundert kamen Mozart und Händel hinzu. 1829 dirigierte Felix Mendelssohn-Bartholdy die Sing-Akademie bei ihrer ersten öffentlichen Aufführung der Matthäus-Passion und bewirkte dadurch eine Renaissance der Werke Bachs. In heutiger Zeit werden auch moderne Werke aufgeführt.

Städtisches Konservatorium, Bundesallee 1–12.
Musikveranstaltungen im Konzertsaal.

Symphonisches Orchester Berlin (SOB), Paulsborner Straße 88.
1967 aus den beiden Orchestern **„Berliner Symphonisches Orchester"** und **„Deutsches Symphonieorchester Berlin"** hervorgegangen. Chefdirigent ist seit 1975 Theodore Bloomfield. Das Orchester veranstaltet jährlich drei Serien öffentlicher Konzerte. Sie finden in der Philharmonie und in der Hochschule der Künste statt.

Wissenschaft

Berliner Bibliotheksakademie, Hohenzollerndamm 56.
Früher in der Prinzregentenstraße, jetzt als **Institut für Bibliothekar-Ausbildung an der FU Berlin** in die Freie Universität integriert.

Hans Delbrück, 1848–1929, Historiker, Herausgeber der „Preussischen Jahrbücher".
Wohnung: Kunz-Buntschuhstraße 4 (das Haus existiert nicht mehr wegen Baus der Stadtautobahn).
Grab: Friedhof Halensee-Grunewald, Bornstedter Straße.

Max Planck, 1858–1947, Physiker.
Lebte in Berlin 1877/78 und 1889–1945, zeitweise in der Wangenheimstraße 21.

Sonstiges

Berliner Festwochen, Bundesallee 1–12.
1951 wurden sie gegründet und finden alljährlich im September statt. Veranstaltungen auf den Gebieten Film, Oper, Konzert, Theater, Ausstellung, Tanz. Veranstalter: die „Berliner Festspiele".

Eisstadion, an der Fritz-Wildung-Straße.
1974 vom Stuttgarter Architekten Werner Deyle erbaut; gilt als das modernste Deutschlands und ist gleichermaßen für den Leistungs- wie für den Breitensport geeignet.
Südlich vom Stadion das schön gelegene Sommerbad.

Evangelisches Gymnasium zum Grauen Kloster, Salzbrunner Straße 41–47.
Die in dem Gebäude des früheren **„Evangelischen Gymnasiums"** untergebrachte Schule übernahm 1963 Tradition und Namen der berühmten Anstalt, die 1574 gegründet wurde.
Prominente „Klosterianer": Schadow, Schinkel, Schleiermacher, Jahn, Bismarck.

Freie Volksbühne, Schaperstraße 24.
Intendant war bis zu seinem Tode 1966 Erwin Piscator, heute ist es Kurt Hübner.
Als Theater der Besucher-Organisation Freie Volksbühne e. V. hatte es bis zur Eröffnung des Neubaus von Fritz Bornemann 1963 im „Theater am Kurfürstendamm" sein Domizil. Intendanten waren u. a. Oscar Fritz Schuh und Rudolf Noelte.

Gastwirtschaft „Brunow", in Schildhorn.
Der lang geübte Berliner Brauch „Hier können Familien Kaffee kochen" wurde hier erst 1970 eingestellt.

Internationale Filmfestspiele, Bundesallee 1–12.
Seit 1951 finden sie, veranstaltet von den „Berliner Festspielen", alljährlich um Juni/Juli statt. 1978 sind sie für den Monat März vorgesehen. Sie bestehen aus dem „Wettbewerb", aus „Retrospektiven" und dem **„Internationalen Forum des jungen Films",** das von den **„Freunden der Deutschen Kinemathek"** mitveranstaltet wird.

Kabarett die „Wühlmäuse", Nürnberger/Ecke Lietzenburger Straße.
Literarisch-politisches Kabarett.

Kleines Theater am Südwestkorso, Südwestkorso 64, Schöneberg.
„Spezialisiert auf lustigen Horror und auf hanebüchene Kitsch-Ausgrabungen" (Zitat Friedrich Luft in „Berliner Theaterlandschaft").

Kletterfelsen, auf dem Gelände des Teufelsbergs.
Ein künstlicher Felsen aus Beton und Stahlgewebe. 1969/70 anläßlich des 100jährigen Jubiläums der Sektion Berlin des Deutschen Alpenvereins errichtet.

Walther Rathenau, 1867–1922, Politiker.
Wohnung: Koenigsallee 65; unweit davon, am Ort des Attentats, steht ein Gedenkstein. Dort wurde er von Rechtsextremisten in seinem Auto erschossen.

Ferdinand Sauerbruch, 1875–1951, Chirurg.
Lebte zuletzt in der Herthastraße 11.

Schildhorn.
Eine sagenumwobene Halbinsel gegenüber Pichelswerder. Auf der Anhöhe eine Steinsäule mit Kreuz und Schild, die Friedrich Wilhelm IV. 1844 setzen ließ.
In Fontanes Gedicht „Havelland" heißt es:
„Das Schildhorn, wo, bezwungen im Streite
Fürst Jazko dem Christgott sich weihte . . ."
Jaczo de Copnic, ein Wendenfürst – so die Sage –, soll hier auf der Flucht vor Albrecht dem Bären, aus Dankbarkeit für seine Rettung, seine letzte Waffe, den Schild, niedergelegt und geschworen haben, fortan nur noch dem Christengott zu dienen.

Theatertreffen Berlin.
Ursprünglich Teil der „Berliner Festwochen" im September, seit 1965 findet es jährlich im Mai statt. Von einer zehnköpfigen Jury werden alljährlich die bemerkenswertesten Inszenierungen aus der Bundesrepublik Deutschland, Österreich und der Schweiz ausgewählt und nach Berlin eingeladen.
Veranstalter sind die „Berliner Festspiele".

Theater im Reichskabarett, Ludwig-Kirch-Straße 6/Ecke Uhlandstraße.

„Waldlehrpfad", 1971 angelegter Spazierweg mit Hinweistafeln auf Baum- und Straucharten.
Man erreicht ihn z. B. von der Pücklerstraße in Richtung Grunewald, er erstreckt sich über das Jagdschloß bis zum Forsthaus Paulsborn.

Grethe Weiser, 1903–1970, Schauspielerin.
Wohnte in der Grunewaldvilla Herthastraße 17 a.

Bahnhof ikolassee
S
Hohenzollernplatz

2 Zehlendorf

mit den Ortsteilen Dahlem, Zehlendorf, Nikolassee, Wannsee

Berlin, die Wasserfront. Diese Stadt hat insgesamt mehr Brücken als Venedig und Amsterdam zusammen. Sie hat unvorstellbar langhingestreckte Ufer: Spree-Ufer, Havel-Ufer, Panke-Ufer, Landwehrkanal-Ufer, und alle die übrigen Kanäle mit ihren Ufern, die städtebaulich und stadtplanerisch eher vernachlässigt als genützt worden sind, — und wem ist es schon bekannt, daß der Teltow-Kanal vom südöstlichen Neukölln in riesigem Bogen durch Tempelhof, Steglitz bis zum äußersten Zehlendorf vorhanden ist, — und die See-Ufer, die zum Teil verkappte Fluß-Ufer sind, wie die Ufer des Nieder-Neuendorfer-, des Großen Malch-, des Tegeler-, Grimnitz-, Stößen-, Großen Wannsees, des Kleinen Wannsees, Pohle-Sees, Stölpchen-Sees, usw., nicht zu reden von den Ufern der größeren und kleineren selbständigen Waldseen, von der Krummen Lanke bis zum Teufelssee, und von so randgelegenen Seen wie dem Groß-Glienicker See, — diese zum Teil hell-sandigen, zum Teil dunkel-sumpfigen Ufer, — und alle die Uferränder der Inseln, die hier ‚Werder' heißen, der Halbinseln, — und die Vogelbrutufer der Fenne, der Moore, — und wenn auch die Westberliner Bezirke „mit dem Rücken zum Wasser gebaut" sind, so sind ja gerade die nicht im Blickzentrum liegenden Landstriche oft die erholsamsten oder die entdeckungsreichsten, — ins Uferlose jedenfalls rudertest du beim ungeschulten Versuch einer Uferkunde unserer Stadt.

Sitzort **Wannsee-Terrassen,** das ist am westlichen Wannsee-Ufer, im Ortsteil Nikolassee, im Bezirk Zehlendorf. Der See: voll von Segelbooten. Das Ufer: waldig, steil, — und schon in nächster Nähe ist es ein großer Sandstrand, das Wannsee-Bad. Hier siehst du, hier wirst zu gesehen. Doch See- und Uferlandschaften sind nicht nur Vorzeigelandschaften. Sie bieten Versteck.

Im Sommer 1944 war die Bombe des Hitler-Attentäters Claus Graf Schenk von Stauffenberg gut versteckt in einem der Ufergrundstücke am Nikolassee, nicht weit südlich entfernt von den Wannsee-Terrassen, — verborgen im Haus Tristanstraße 8—10, dem damaligen Wohnsitz des Obersten. — Und schräg hier gegenüber, wenige hundert Meter nach Norden zu, war das Sommerhaus des Statthalters von Berlin, Joseph Goebbels, auch ein Versteck: vor Fliegerbomben, vor Offizialität, auf der Wannsee-Insel Schwanenwerder, Inselstraße 10—14. Attentäter und Oberhäuptling des Regimes saßen hier in benachbarten Uferhöhlen. Die Bombe platzte im Führerhauptquartier in Ostpreußen. Sie verfehlte ihr Ziel. Der benachbarte Uferbewohner Goebbels war es, der, drinnen in Berlin, durch schlaue Telefonieraktionen den Aufstand hemmte, ihn schließlich erstickte und die Verschworenen ans Messer lieferte.

Unerhörte Kunde kam von diesen Ufern. Kaum je aufgeklärte Todesfälle in den letzten Kriegstagen, in diesen Gebüschen. Tödliche Rachejustiz in der Anarchistenszene, in unseren Tagen. Und die unerhörtesten Schüsse fielen am Nachmittag des 21. November 1811, südlich der Wannsee-Brücke, gegenüber von ‚Stimmings Krug', als Heinrich von Kleist zuerst die Generalrendantengattin Henriette Vogel und dann sich selber erschoß: Nun, o Unsterblichkeit, bist du ganz mein.

Die Gegend hier im Süden von Zehlendorf ist erstaunlich sanft, und hat erschreckend viele Spuren von Gewalttätigkeit. Es ist eine Gegend der gesperrten und halb gesprengten Brücken. Es ist eine Gegend der Enklaven und Exklaven und Halb-Exklaven: Wüste Mark, Steinstücken, Albrechts-Teerofen, Jagdschloß Glienicke. Die Gegend der verrücktesten, unüberschaubarsten (am Böttcherberg) Grenzverbarrikadierungen. — Hier am Wannsee kannst du auch dem Literarischen Colloquium einen Besuch machen, Am Sandwerder 5, dem Geburtsort dieses Buches.

Es ist dies auch eine Gegend der landschaftlichen Prunkstücke und der Wildschweinoasen: Pfaueninsel, Schloß Klein-Glienicke, Nikolskoe. Früher stand das alles im engen Verkehr mit Potsdam. Ältere Stadtführer raten in *einem* Atemzug zum Besuch von Potsdam, Schloß Klein-Glienicke und von Schloß Babelsberg. Die ‚Brücke der Einheit' aber, von Potsdam herüber, ist in der Mitte verbarrikadiert. Heute kannst du auf dem Hirschberg, über dem Griebnitz-See, ins Schwitzen kommen, und kannst dann in den Jungfern-See tauchen, — beide, Griebnitz-See und Jungfern-See, sind, näher besehen, Benamsungen der *einen* Havel, an deren diversen Stellen. —

Und Zehlendorf, mehr stadteinwärts: eine weite Gegend. Voll von amerikanischen Unterkünften und Übungsplätzen. Voll von Wohnplätzen schönster Lage wie Rehwiese und Schlachtensee. Voll von musealen und akademischen Besonderungen in Dahlem, — und, nicht zu vergessen, es gibt den Kern von Zehlendorf, mit der Kirche im Dorf; und rund 500 Jahre älter ist Dahlems Dorfkirche.

Wenn wir schon dazu verführt worden sind, am Zehlendorfer Südrand herumzustreunen, dann lohnt auch ein Abstecher zum Museumsdorf Düppel, südlich vom Königsweg, den der Alte Fritz benützt haben soll, an der Clauert-Straße. Hier sieht man, wie ‚ganz alte Zehlendorfer' gewohnt haben, denen noch nicht Sprengstoff und Stahl zur Verfügung standen. „Sind nun die Berliner Germanen oder Slawen?" lautete dort eine Anfrage, — und der Professor holte weit aus: er meinte, daß zwar Germanen . . ., daß dann hinwiederum Slawen . . ., oft Germanen und Slawen zusammen . . ., daß zu bestimmten Zeiten wieder Germanen . . ., „vor allem aber sind wir Berliner Deutsche", so begann und so schloß er. Beruhigt kannst du darauf hin noch etwas weiter nach Süden gehen, in den südöstlichen Zehlendorf-Zipfel, und kannst bei Warnicke, der nah an Alt-Schönow, am Kleinmachnower Weg, direkt an den Grenzverposamentierungen, eine renommierte Kneipe hat, in der schon Paul Scheerbart gern saß, einen Klaren trinken.

YOU ARE LEAVING
AMERICAN SECTOR
SIE VERLASSEN DEN
AMERIKANISCHEN
SEKTOR

Gubor
„Schwarzwälderli"
feine Schokolade-Täfelchen
Frisch frischer

HEINRICH VON
GEBOREN 18. OKTOBER
GESTORBEN 21. NOVEMBER
NUN
O UNSTERBLICH
BIST DU GANZ

BERLIN

H

Berliner Stadtgrenze
Grenze Berlin (West)- Berlin (Ost)
Bezirksgrenze
Ortsteilgrenze
REINICKENDORF
PANKOW
WEISSENSEE
SPANDAU
CHARLOTTENBURG
WEDDING
TIERGARTEN
PRENZLAUER BERG
MITTE
FRIEDRICHSHAIN
LICHTENBERG
KREUZBERG
WILMERSDORF
SCHÖNEBERG
ZEHLENDORF
STEGLITZ
TEMPELHOF
NEUKÖLLN
TREPTOW
KÖPENICK
Frohnau
Heiligensee
Hermsdorf
Lübars
Waidmannslust
Konradshöhe
Tegel
Wittenau
Reinickendorf
Blankenfelde
Buch
Buchholz
Karow
Rosenthal
Niederschönhausen
Blankenburg
Heinersdorf
Pankow
Malchow
Wartenberg
Falkenberg
Weissensee
Hohenschönhausen
Marzahn
Spandau
Haselhorst
Siemensstadt
Staaken
Friedrichsfelde
Kaulsdorf
Mahlsdorf
Biesdorf
Karlshorst
Grunewald
Schmargendorf
Gatow
Kladow
Friedenau
Tempelhof
Neukölln
Treptow
Baumschulenweg
Oberschöneweide
Niederschöneweide
Adlershof
Johannisthal
Friedrichshagen
Rahnsdorf
Köpenick
Nikolassee
Dahlem
Wannsee
Zehlendorf
Lichterfelde
Lankwitz
Mariendorf
Britz
Buckow
Marienfelde
Lichtenrade
Rudow
Altglienicke
Bohnsdorf
Grünau
Müggelheim
Schmöckwitz

Zehlendorf

Architektur und Städtebau

Dahlem.
Ehemaliges Angerdorf, 1275 erstmals urkundlich erwähnt. Während der Jahrhunderte im Besitz verschiedener Familien. 1841 erwarb der preußische Domänenfiskus das Dorf, 1920 wurde es Zehlendorf und somit Berlin eingemeindet.

Dahlemer Dorfkrug, „der alte Krug", Königin-Luise-/Ecke Fabeckstraße.
Gastwirtschaft aus den Jahren um 1860, die ihr Entstehen der dem damaligen Milchkühler erteilten Schankkonzession verdankt; dieser kühlte die Milch unter dem Denkmalhügel der Dorfaue in einem Eiskeller, der 1709 vom Dahlemer Gutsbesitzer Cuno Hans von Wilmersdorff gebaut worden war.

Dorfkirche Dahlem, „St. Annenkirche", Königin-Luise-Straße/Ecke Pacelliallee.
Glanzstück unter Dahlems historischen Architekturen, eine der ältesten erhaltenen Dorfkirchen. Entstehungszeit zwischen Romanik und Gotik; der Flügelaltar aus der Spätgotik. Der spätere hessische Kirchenpräsident Niemöller hielt hier während der NS-Zeit seine Predigten.

Dorfkirche Stolpe, in Wannsee.
1859 von August Stüler erbaut nach Ideen von König Friedrich Wilhelm IV. von Preußen.

Dorfkirche Zehlendorf, Potsdamer Straße/Ecke Clayallee.
1768 entstanden, ein bei Dorfkirchen selten vorkommender Zentralbau aus dem Barock. Von 1905 bis zu ihrer Erneuerung im Jahr 1953 wurde die Kirche nicht für Gottesdienste genutzt. Sie besitzt die älteste Kirchenglocke Berlins, die aus der ersten Hälfte des 13. Jahrhunderts stammt.
Auf dem Kirchhof mit alten Maulbeerbäumen aus friderizianischer Zeit ein Gedenkstein für die Amme Friedrichs des Großen: „sie hat den Prinzen am Leben erhalten mit der Lebenskraft märkischer Scholle."

Einfamilienhaus, Nibelungen-/Ecke Dreilindenstraße.
1926 von Ludwig Mies van der Rohe erbaut. Steht unter Denkmalschutz.

Einfamilienhäuser, Schorlemer Allee Nr. 7–11.
1927 von den Brüdern Hans und Wassili Luckhardt und Alfons Anker in Stahlskelettbauweise erbaut. Die **Reihenhäuser,** Schorlemer Allee Nr. 12–12 c und Nr. 13–23, sind von denselben Architekten 1925 erbaut worden.

Vier Einfamilienhäuser, in der Onkel-Tom-Straße 85–91.
1923 von den Architekten Richard Neutra und Erich Mendelsohn erbaut.

Glienicker Brücke, am Ende der Königstraße.
Eine erste Holzbrücke über die Havel ließ der Große Kurfürst errichten, als er Potsdam zur Sommerresidenz erhob. Die zweite Brücke baute Schinkel; sie war jedoch den Anforderungen des starken Verkehrs zwischen Berlin und Potsdam nicht gewachsen. Die dritte, jetzige, Brücke wurde 1908/09 errichtet und bildete seit 1920 die Stadtgrenze zwischen Berlin und Potsdam. Heute ist sie wegen der auf ihrer Mitte verlaufenden Grenze zur DDR unpassierbar. Die DDR hat sie „Brücke der Einheit" genannt.

Großsiedlung Onkel-Toms-Hütte, an der Argentinischen Allee, Eisvogelweg und Riemeisterstraße.
1926–31 von den Architekten Bruno Taut, Otto Rudolf Salvisberg und Hugo Häring erbaut.

Gutshof Düppel, Königsweg 50, auf dem ehemaligen Rittergut Düppel.
In der Mitte des Gutshofs steht noch die „alte Brennerei" aus dem Jahr 1838. Heute sind die Gebäude Zentrum der Veterinärmedizin und des Reitsports.

Haus am Sandwerder 1.
In alter Form erhaltene Villa (des Lampenfabrikbesitzers Wild), die 1945 in den Besitz der UdSSR überging und vor kurzem vom Land Berlin erworben wurde, um sie wegen ihres architektonischen Wertes vor dem bereits verfügten Abriß zu retten.

Haus am Sandwerder 3.
Die heute modernisierte Villa des Kommerzienrates Wilhelm Wessel.

Haus am Sandwerder 5.
Villa aus dem Jahr 1876.
Heute Sitz des Literarischen Colloquiums Berlin.

Haus Dr. Bejach, Bernhard-Bayer-Straße 12 in Steinstücken.
1927 von Erich Mendelsohn erbaut.

Henry-Ford-Bau, Garystraße.
Der Zentralbau der Freien Universität mit dem Auditorium Maximum und der Universitätsbibliothek wurde 1952–54 aus Mitteln der Ford-Foundation von den Architekten Sobotka und G. Müller erbaut.

Institut für Bildungsforschung der Max-Planck-Gesellschaft, Lentzeallee 94.
1973 von Hermann Fehling und Daniel Gogel erbaut.

Jagdschloß Glienicke, südlich der Königstraße.
Um 1682 für den Großen Kurfürsten errichtet, im 19. Jahrhundert im „Renaissance"-Stil umgebaut. Es ist heute Ausbildungs- und Begegnungsstätte für Jugendliche.

Jagdschloß Grunewald, am Grunewaldsee.
1542/43 unter Kurfürst Joachim II. von Brandenburg im Renaissance-Stil errichtet.
1770 erhielt der Schloßhof mit dem Neubau des Jagdschuppens, in dem sich seit 1977 ein Jagdmuseum befindet, seine heutige Gestalt. Von 1828 bis 1903 fanden jährlich am Hubertustag die Hofjagden statt.
Das Schloß beherbergt Möbel aus dem Barock, Gemälde, Jagdtrophäen, Zinn und Berliner Porzellan. Im Obergeschoß eine umfangreiche Gemäldesammlung (deutsche und niederländische Meister des 16. bis 19. Jahrhunderts) aus dem Besitz der Hohenzollern.

Kavalierhaus, auf der Pfaueninsel.
Ein 1803/04 erbautes Gutshaus, das 1824–26 nach dem Entwurf Karl Friedrich Schinkels neugotisch umgestaltet wurde. Dazu wurde auch 1823 die sechsgeschossige Sandsteinfassade eines in Danzig abgebrochenen Patrizierhauses des 15. Jahrhunderts in 287 Einzelstücken per Schiff nach Berlin gebracht und dem Gutshaus vorgeblendet, das damit zum **„Danziger Haus"** wurde.

Kirche Nikolassee, an der Rehwiese.
1910 von Erich Blunck erbaut im Stil alter Dorfkirchen.

Königsweg in Düppel.
Ein schnurgerader, von Zehlendorf nach Kohlhasenbrück führender Sandweg, den der „Alte Fritz" benutzte, um zwischen seinen beiden Residenzstädten Berlin und Potsdam hin- und herzufahren.

Landhaus in Dahlem, Pacelliallee 14/16.
1914 von den Architekten Cremer und Wolffenstein erbaut.

„Loggia Alexandra“, südlich der Königstraße in Glienicke, auf dem Böttcherberg.
1869 ließ Prinz Karl, Schloßherr von Glienicke, diesen Pavillon für seine Schwester Charlotte, die sich nach ihrer Heirat mit dem Zaren Nikolaus Alexandra Feodorowna nannte, errichten. Die Pläne schuf der Potsdamer Hofbaumeister Petzholtz. Heute ist das wohl ausgefallenste Haus unter den Glienicker Bauten verwahrlost, Pläne zu seiner Rettung bestehen seit Jahren.

Meierei, auf der Pfaueninsel.
1795 gleichzeitig mit dem Schloß von Hofzimmermeister Brendel im neugotischen Stil erbaut, ebenfalls als künstliche Ruine.

Hermann Muthesius, 1861–1927, Architekt.
Bekannt durch seine großen Landhäuser im Jugendstil, die an die englische Wohnhaustradition anknüpfen.
Grab: Friedhof neben der Kirche Nikolassee an der Rehwiese.

St. Peter-Paul-Kirche Nikolskoe, 1834–37 von August Stüler erbaut. Nikol skoje bedeutet (dem Zaren) „Nikolaus eigen“. Die Kirche wie das angrenzende Blockhaus waren ein Geschenk Friedrich Wilhelms III. an seine Tochter Charlotte, die mit dem späteren russischen Zaren Nikolaus I. vermählt war.
Das Blockhaus ist heute ein beliebtes Ausflugsrestaurant.

S-Bahnhof Lindenthaler Allee, am Mexiko-Platz.
1904 von den Baumeistern Hart und Lesse errichtet, ein Beispiel für den Jugendstil.

Hans Scharoun, 1893–1972, Architekt.
Grab: Waldfriedhof an der Potsdamer Chaussee in Nikolassee.

Schloß Klein-Glienicke, Königstraße.
1764 Errichtung eines Lustschlößchens. 1825–1827 erfolgt für den Prinzen Karl, Sohn der Königin Luise, der Umbau durch Karl Friedrich Schinkel, der 1835 auch den Aussichtsturm an der Straße Berlin–Potsdam, die **„Große Neugierde“**, einen säulengetragenen Rundbau, (die sog. **„Kleine Neugierde“**, ein Teepavillon direkt an der Straße, aus deren Fenstern man den Straßenverkehr beobachten konnte, war von Schinkel schon 1825 neu gestaltet worden), und den Entwurf für die **Löwenfontäne** schuf. Die Ausgestaltung des Parks übernahm Peter Joseph Lenné, der zusammen mit Schinkel, später mit Ludwig Persius, ein hervorragendes Beispiel klassizistisch-romantischer Schloß, Park und Landschaft integrierender Gestaltung schuf. 1850 errichtete Ferdinand von Arnim den **„Klosterhof“** aus Teilstücken eines aufgelösten Klosterhofs bei Venedig. Schloß und Park sind heute im Besitz der Stadt Berlin.

Schloß Pfaueninsel.
Als eine Art Theaterarchitektur von dem Hofzimmermeister Brendel 1794–97 als künstliche Ruine errichtet.
Die Innenräume zeigen in einer weitgehend bewahrten Originalität Interieurs aus der Zeit Friedrich Wilhelms II.

Schönow.
Ehemaliges Dorf, 1299 erstmals urkundlich erwähnt. 1802 zählte das Dorf 98 Einwohner, 1894 wurde es Zehlendorf eingemeindet.

Strandbad Wannsee, Wannseebadweg.
1930 von den Architekten Martin Wagner und Richard Ermisch erbaut.

Teufelsbrücke, im Volkspark Klein-Glienicke.
1838 von Ludwig Persius über eine kleine Schlucht mit ehemaligem Wasserfall gebaut, von beiden Seiten zur Mitte hin ansteigend.

Tuileriensäule auf Schwanenwerder, Inselstraße 8.
Fragment der 1871 im französischen Kommuneaufstand zerstörten Pariser Tuilerien mit der Inschrift: „Fragmente der Tuilerien 1564–1871“, das von einem preußischen Offizier nach Berlin gebracht wurde, und 1884 hier aufgestellt wurde. Auf der Rückseite steht der Vierzeiler:
„dieser Stein vom Seinestrande,
hergepflanzt in deutsche Lande,
ruft Dir, Wanderer, mahnend zu:
Glück, wie wandelbar bist Du. 1884“
Der Vers von der Verlegersgattin Louise Parey wurde auf Veranlassung von Kommerzienrat Wilhelm Wessel, der 1882 fast ganz Schwanenwerder erworben hatte, eingemeißelt.

U-Bahnhof Onkel-Toms-Hütte, Onkel-Tom-Straße 30.
1930 von Alfred Grenander erbaut, mit Ladenstraßen zu beiden Seiten.

„Villa Freudenberg“, Potsdamer Chaussee 49 a.
1907/08 von Hermann Muthesius erbaut. Gilt als das eindrucksvollste Beispiel der Muthesius-Landhäuser. Steht unter Denkmalschutz.
Weitere Landhäuser von Muthesius (in der Zeit von 1905–1914 gebaut):
Haus Bogotastraße 15, 1904/05.
Haus Schlickweg 6, 1912/13.
„Haus Mittelhof“, 1914, Kirchweg 33 in Nikolassee, seit 1976 Sitz der „Historischen Kommission zu Berlin“.
„Haus von Velsen“, 1908, Limastraße 29.

Zehlendorf.
Ehemaliges Dorf der Mark Brandenburg, deren erste Herrscher die Askanier Albrecht der Bär und dessen Söhne waren (1134–1267), und die 1417 nach wechselnden Besitzverhältnissen den Hohenzollern, fortan Kurfürsten der Mark Brandenburg, übertragen wurde. Das Dorf ist 1241 als „Tedelendorp“, später als „Czedelendorpp“ erwähnt. Der Name leitet sich wahrscheinlich von Zidal (Waldbiene) ab, und weist auf die in dieser Gegend übliche und früh beurkundete Bienenzucht hin. Außer der im langen Rechteck gestalteten Dorfaue mit der alten Kirche und dem Kirchhof ist heute nichts mehr aus der langen Vergangenheit vorhanden.
1860 hatte Zehlendorf 958 Einwohner, 1920 wurde aus den Landgemeinden Zehlendorf, Nikolassee, Wannsee sowie den Gutsbezirken Dahlem, Klein-Glienicke und Pfaueninsel durch die Eingemeindung nach Groß-Berlin der Stadtbezirk Zehlendorf gebildet.

Literatur

Gottfried Benn, 1886–1956, Lyriker.
Studierte in Berlin Medizin; 1917 Niederlassung als Facharzt für Haut- und Geschlechtskrankheiten.
Grab: Waldfriedhof Dahlem, Hüttenweg.

Paul Ernst, 1866–1933, Schriftsteller.
Gedenkstein im Paul-Ernst-Park oberhalb des Schlachtensees.

Ludwig Fulda, 1862–1939, Schriftsteller.
Grab: Waldfriedhof Dahlem, Hüttenweg.

Julius Hart, 1859–1930, Autor des Naturalismus, Kritiker.
Studierte 1877 Jura in Berlin und gab hier ab 1881 zusammen mit seinem Bruder Heinrich die „Kritischen Waffengänge“ heraus.
Grab: Städtischer Friedhof Zehlendorf, Onkel-Tom-Straße.

Georg Heym, 1887–1912, frühexpressionistischer Lyriker.
Kam 1900 nach Berlin, hier u. a. Jurastudium. War Mitglied des „Neopathetischen Cabarets“, wo er 1910 seine erste Lesung hatte. Ist mit seinem Freund E. Balcke beim Eislauf auf der Havel zwischen Lind- und Schwanenwerder ertrunken.

Kurt Ihlenfeld, 1901–1972, Erzähler, Essayist, Lyriker.
War 1933–43 in Berlin Leiter der Literatur-Zeitschrift „Eckart“, auch Gründer des Eckart-Kreises junger christlicher Autoren. Nach dem Krieg freier Schriftsteller.
Wohnung: Heimat 85.
Grab: Waldfriedhof Zehlendorf, Potsdamer Chaussee.

Franz Kafka, 1883–1924, Schriftsteller.
Bezog Ende Januar 1924 zusammen mit Dora Diamant seine letzte Wohnung in Berlin, und zwar in der Heidestraße 25–26. Siehe Brief an Lise Kaznelson von Ende Januar 1924, in dem er schreibt: „Meine Adresse ist vom 1. Feber ab Berlin-Zehlendorf, Heidestraße 25–26, bei Frau Dr. Busse.“ Heute heißt diese Straße nach dem Schriftsteller Carl Busse Busseallee.

Heinrich von Kleist, 1777–1811, Schriftsteller.
Grabstätte über dem Südufer des Kleinen Wannsees, Grundstück Bismarckstraße 3, wo er gemeinsam mit Henriette Vogel am 21. November 1811 Selbtsmord beging. Der jetzige Grabstein (ohne Erwähnung Henriette Vogels) stammt aus dem Jahre 1936:

„Nun, o Unsterblichkeit,
bist du ganz mein.“

Damals wurde die 1891 angebrachte Platte mit der Inschrift:

„er lebte, sang und litt,
in trüber, schwerer Zeit,
er suchte hier den Tod
und fand Unsterblichkeit“

entfernt, da sich herausgestellt hatte, daß die Verse von dem jüdischen Schriftsteller und Arzt Max Ring (1817–1901) stammten.
Die Platte soll sich jetzt im Märkischen Museum in Ost-Berlin befinden. In unmittelbarer Nähe der Selbstmordstelle befand sich **„Stimmings Krug“,** ein Gasthaus an der Potsdamer Chaussee aus den Jahren 1791–95, in dem Kleist und Henriette Vogel die letzten zwei Tage vor dem Selbstmord verbrachten.

Jochen Klepper, 1903–1942 Erzähler und Lyriker.
War nach dem Theologie-Studium Journalist in Berlin. Schied mit seiner jüdischen Frau und deren Tochter, um beide vor dem KZ zu bewahren, freiwillig aus dem Leben. Wohnte in der Teutonenstraße 23 (Gedenkstein).
Grab: Friedhof Nikolassee, Kirchweg.

Kurt Kluge, 1886–1940, Schriftsteller.
War 1921 Professor für Erzguß an der Hochschule für Bildende Künste in Berlin.
Grab: Friedhof Nikolassee, Kirchweg.

Literarisches Colloquium Berlin e. V., Am Sandwerder 5.
1963 gegründet mit dem Ziel, die literarischen und filmischen Aktivitäten der Stadt Berlin zu fördern, Verbindungen zwischen Literatur und Massenmedien herzustellen, eine Wechselbeziehung zwischen Berlin und dem Ausland anzuregen. Besitzt eine Veranstaltungs-, eine Publikations-, eine Film- und eine Fotografieabteilung.

Literarisches Podium, im Filmkunstkino Capitol Dahlem, Thielallee 36.
Freitags und samstags literarische Spätvorstellungen. Schauspieler lesen Klassiker und Zeitgenossen.

Erich Mühsam, 1878–1934, politisch engagierter Schriftsteller.
Mitglied der Räterepublik-Regierung in München.
Grab: Waldfriedhof Dahlem, Hüttenweg.

Gerhart Pohl, 1902–1966, Erzähler und Dramatiker.
War nach dem Studium Verlagslektor in Berlin, verließ die Stadt Anfang der 30er Jahre, kehrte 1946 zurück.
Grab: Waldfriedhof Zehlendorf, Potsdamer Chaussee.

Viktor Otto (VAUO) Stomps, 1897–1970, Schriftsteller.
Gründete 1926 zusammen mit Jean Gebser die „Rabenpresse“ Nach dem II. Weltkrieg betrieb er die „Eremitenpresse“ in Stierstadt im Taunus. Kehrte 1967 nach Berlin zurück und gründete hier die „Neue Rabenpresse“.
Grab: Städtischer Friedhof Zehlendorf, Onkel-Tom-Straße.

Bildende Kunst

„Brücke-Museum“, Bussardsteig 9.
Initiiert von Karl Schmidt-Rottluff anläßlich der Ausstellung seiner Werke in der Akademie der Künste 1964. 1967 fertiggestellt. Architekt: Werner Düttmann. Gewidmet ist es dem Œuvre der 1905 gegründeten Künstlergemeinschaft „Die Brücke“ (Kirchner, Bleyl, Heckel, Schmidt-Rottluff, Pechstein, O. Müller, Nolde).

Dahlemer Museen, Arnimallee 23–27.
Das heutige Museum Dahlem beherbergt die Gemäldegalerie, das Kupferstichkabinett, die Skulpturenabteilung. Hinzugekommen sind das Museum für Völkerkunde, das Islamische, das Indische und das Ostasiatische Museum. Alle Museen sind Teil der Stiftung Preußischer Kulturbesitz.

Albrecht Dürer, 1471–1528, Maler.
124 Zeichnungen, darunter die Federzeichnung „Ruhe auf der Flucht“ befinden sich im Kupferstichkabinett in Dahlem.

Gemäldegalerie, Dahlemer Museen, Arnimallee 23–27.
Hervorgegangen aus den Königlichen Sammlungen und im 19. und 20. Jahrhundert ständig erweitert, bietet sie trotz der schweren Kriegsverluste und der Verteilung der Bestände auf beide Teile der Stadt einen geschlossenen Überblick über die europäische Malerei vom 13. bis Anfang des 19. Jahrhunderts mit vielen weltberühmten Einzelstücken.

Karl Hartung, 1908–1967, Bildhauer.
Grab: Waldfriedhof Zehlendorf, Potsdamer Chaussee.

Haus am Waldsee, Argentinische Allee 30.
Ausstellungsort des Kunstamtes Zehlendorf.

Kupferstichkabinett, Dahlemer Museen, Arnimallee 23–27.
1831 auf Veranlassung Wilhelm von Humboldts und des Kunstwissenschaftlers Freiherr von Rumohr gegründet. Die Sammlungen umfassen Druckgraphik vom 15. Jahrhundert bis zur Gegenwart. Zeichnungen alter Meister vom 14. bis 18. Jahrhundert (darunter 124 Zeichnungen von Albrecht Dürer), Miniaturen vom 11. bis 16. Jahrhundert, Skizzenbücher und eine Topographische Sammlung.

Museum für Indische Kunst, Dahlemer Museen, Lansstraße 8.
Einziges Museum seiner Art außerhalb Indiens. Enthält Gegenstände der Frühgeschichte Indiens (Skulpturen, Miniaturen), Bronzen und Schriftrollen aus Tibet und Nepal und Indonesien. Besitzt auch das älteste heute bekannte Sanskrit-Manuskript aus dem 2. Jahrhundert v. Chr., und andere kostbare Einzelstücke.

Museum für Islamische Kunst, Dahlemer Museen, Lansstraße 8.
Ausgestellt werden hauptsächlich Teppiche des 16. und 17. Jahrhunderts, Elfenbein, Glas, Bronzen und Keramik aus

dem Mittelalter und besonders südarabische Steinskulpturen, Elfenbeinschnitzereien aus Ägypten und Unteritalien.

Museum für Ostasiatische Kunst, Dahlemer Museen, Lansstraße 8. Ausgestellt werden vor allem chinesische Bildrollen und Keramiken. Außerdem Kunstwerke aus China, Japan und Korea verschiedener Epochen.

Museum für Völkerkunde, Dahlemer Museen, Lansstraße 8. Umfaßt die Abteilungen Afrika, Amerikanische Archäologie, Ostasien, Südasien, Südsee.
Die Sammlungen stehen mit an der Spitze der europäischen ethnographischen Museen. Sie sind zum größten Teil in dem von Fritz Bornemann 1971 errichteten Neubau zusammengefaßt und besonders eindrucksvoll ausgestellt.

Rembrandt, 1606–1669, Maler.
Sammlung von 25 Bildern, darunter „Der Mann mit dem Goldhelm" in der Dahlemer Gemäldegalerie.

Sammlung Bröhan, Max-Eyth-Straße 27.
Privatsammlung von Karlheinz Bröhan (Kunst und Kunsthandwerk aus den Jahren 1900–1930), die 1972 der Öffentlichkeit zugänglich gemacht wurde. Eine Publikation über die „Berliner Sezession" liegt vor, weitere Kataloge über die Sammlung sind in Vorbereitung.

Renée Sintenis, 1888–1965, Bildhauerin und Graphikerin.
Grab: Städtischer Waldfriedhof Dahlem, Hüttenweg.

Skulpturenabteilung, Dahlemer Museum, Arnimallee 23–27.
Sammlung europäischer Plastik von der christlichen Spätantike bis zum 18. Jahrhundert. Obschon Fragment, ist die Galerie auch heute noch bedeutendste Skulpturensammlung Deutschlands. Hervorzuheben: die italienische Renaissanceplastik und die der deutschen Gotik (Riemenschneider, Brüggemann).

Musik

Berliner Barockorchester, Stölpchenweg 10 b.
Veranstaltet ca. 10 Konzerte pro Saison, hauptsächlich Kammermusik aus dem Barock.

Geheimes Staatsarchiv, Archivstraße 12.
In der dort untergebrachten Musikabteilung der Staatsbibliothek der Stiftung Preußischer Kulturbesitz, befindet sich eine Sammlung von Autographen, darunter zahlreiche Werke von: Telemann, J. S. Bach, Haydn, Mozart, Beethoven, Schubert, Schumann, Liszt, Wolf, Mahler, Puccini und u. a. von E. T. A. Hoffmann die „Undine". Angeschlossen ist das Mendelssohn-Archiv.

Haus am Waldsee, Argentinische Allee 30.
Im Mai 1945 fanden auf diesem Grundstück die ersten Konzerte der Berliner Philharmoniker statt.
Heute: Sommerliche Konzertveranstaltungen.

Jagdschloß Grunewald, am Grunewaldsee.
Im Innenhof des Schlosses finden jährlich Sommerkonzerte statt.

Kirche am Stölpchensee, Wilhelmplatz.
Kirchenmusikkonzerte unter der Leitung des Organisten Georg Dieterich.

Felix Mendelssohn-Bartholdy, 1809–1847, Komponist.
Das Mendelssohn-Archiv ist der Musikabteilung der Staatsbibliothek Preußischer Kulturbesitz, Archivstraße 12, angeschlossen.

Paulus Gemeinde Zehlendorf, Teltower Damm 4–8.
Konzerte mit Kirchenmusik, jährlich ein Konzert am Volkstrauertag in der Philharmonie.
Unter der Leitung von Dietrich von Amsberg.

Wissenschaft

Carl Erich Correns, 1864–1933, Botaniker und Biologe.
Grab: Waldfriedhof Dahlem, Hüttenweg 47.

Deutsches Archäologisches Institut, Peter-Lenné-Straße 28–30.
1829 in Rom gegründet, acht Jahre später nach Berlin verlegt. Untersteht heute dem Außenministerium in Bonn, hat Zweigstellen in Kairo, Istanbul, Madrid, Bagdad und Teheran.
Freie Universität Berlin, Garystraße.
Am 4. Dezember 1948 offiziell eröffnet, umfaßte sie zunächst 6 Fakultäten und vier interfakultative Institute, unter ihnen das **Otto-Suhr-Institut** (Ihnestraße 21/22), früher Deutsche Hochschule für Politik, das **Osteuropa-Institut** (Garystraße 55), das **John-F.-Kennedy-Institut** (Lansstraße 5–9) für Amerikafragen. Nach Verabschiedung des Gesetzes über die Universitäten des Landes Berlin 1969 wurden die sechs Fakultäten und die Institute in 24 Fachbereiche und fünf Zentralinstitute eingeteilt. 1969 wurde das neue Klinikum der FU in Steglitz eröffnet.

Hahn-Meitner-Institut für Kernforschung, Glienicker Straße 100, in Wannsee.
1938 gelang den Forschern und Chemikern Otto Hahn und Fritz Strassman im alten Institut für Chemie der Kaiser-Wilhelm-Gesellschaft die erste Atomspaltung der Welt. 1957 Baubeginn des neuen Instituts (benannt nach Otto Hahn und seiner langjährigen Mitarbeiterin, der Physikerin Karin Lise Meitner), mit den vier Abteilungen Kernchemie, Strahlenchemie, Mathematik und Kernphysik.

Hermann von Helmholtz, 1821–1894, Naturforscher.
Grab: Neuer Friedhof Wannsee, Lindenstraße bei der Andreas-Kirche.

Historische Kommission zu Berlin, Kirchweg 33 in Nikolassee.
1958 gegründet zur Erforschung der Geschichte Berlins, Brandenburgs und Preußens. Das Forschungs-Institut betreibt Sozial- und Wirtschaftsgeschichte der Arbeiterbewegung und deutsch-jüdische Kulturgeschichte.

Kirchliche Hochschule Berlin, Teltower Damm 120–122.
Ausbildung des evangelisch-theologischen Nachwuchses.

Max-Planck-Gesellschaft zur Förderung der Wissenschaften e. V., in Dahlem.
Eine Wiedergründung (1948) der 1911 gegründeten **„Kaiser-Wilhelm-Gesellschaft zur Förderung der Wissenschaften",** die aus ca. 18 Instituten besteht. Hauptsitze sind in Göttingen und München.

Friedrich Meinecke, 1862–1954, Historiker, erster Rektor der FU 1948.
Friedrich-Meinecke-Weg und Gedenkstein im Thielpark.

Ferdinand Sauerbruch, 1875–1951, Chirurg.
Grab: Neuer Friedhof Wannsee, Lindenstraße bei der Andreas-Kirche.

Sonstiges

Albrechts Teerofen, am äußersten Rande von Zehlendorf an der DDR-Grenze gelegen.

Früher beliebtes Ausflugsziel, erhielt seinen Namen von der Teerbrennerfamilie Albrecht, die hier 1750 einen Teerofen errichtet hatte. Diesen Platz fand man 1924 bei Ausschachtungsarbeiten auf dem Grundstück der Gastwirtschaft „Zu den vier Eichen", als große Pechbrocken freigelegt wurden.

Alliierte Kommandantur, Kaiserwerther Straße 16–18.
Sitz der Berliner Militärregierung.

Aspen-Institut, Inselstraße 10–14 in Schwanenwerder.
Seit 1974 Berliner Dependance des amerikanischen „Aspen Institute for Humanistic Studies, Aspen – Colorado". Veranstaltet Symposien, Workshops, Colloquien kulturellen und politischen Inhalts.
Das Grundstück Inselstraße 10/14 war während der NS-Zeit Wohnsitz von Josef Goebbels.

Michael Bakunin, 1814–1876, russischer Anarchist.
Lebte ab 1841 für längere Zeit in Berlin. Hans Scholz berichtet, daß Bakunin zusammen mit Freunden im Jahre 1848 nächtens auf Schwanenwerder saß, um nicht nur einen Hammel zu braten, sondern auch einen kommunistischen Zukunftsstaat zu gründen.

„Domäne", Königin-Luise-Straße 49, in Dahlem.
Landwirtschaftliches Mustergut. Über 300 Jahre altes Gutsgebäude mit Kapelle, Molkerei, Schmiede, Stallungen und Kossätenhäusern. Ist künftig als Freilicht-Museum geplant.

„Dreilinden".
Grenzübergang zu den Transitautobahnen nach Westdeutschland.

Evangelische Akademie am Kleinen Wannsee, Königstraße 64 b.
Veranstaltungen und Colloquien zu kirchlichen, gesellschaftspolitischen und kulturellen Themen.

Filmkunstkino Bali, Teltower Damm 33.
Vorwiegend Filme mit politischem Akzent.

Filmkunstkino Capitol, Thielallee 36.
Variantenreiches Programm für hauptsächlich studentisches Publikum.

Friedhof der Dorfkirche Zehlendorf, Potsdamer Straße/Ecke Clayallee.
Um die Seidenraupenzucht einzuführen, ließ hier Friedrich der Große Maulbeerbäume pflanzen, die heute noch zu besichtigen sind.

Geheimes Staatsarchiv, Archivstraße 12–14.
Seit 1963 im Besitz der „Stiftung Preußischer Kulturbesitz". Urkunden, Akten und Autographen aus acht Jahrhunderten brandenburgisch-preußischer Geschichte.
Angeschlossen ist die „Musikabteilung" und die Spezialbibliothek „Der Herold" des Vereins für Heraldik und Genealogie.

Kohlhasenbrück.
Ländlicher Ortsteil von Zehlendorf zwischen Wannsee und Steinstücken.
Nach der Chronik von 1599 soll Namensgeber Hans Kohlhase, Händler von Heringen, Speck und Honig in der Brüderstraße im heutigen Kohlhasenbrück, der 1540 hingerichtet wurde, „unter einer Brücken, die noch heutigen Tages Kohlhasenbrücke heißt" (heute Bäkebrücke) dem Kurfürsten geraubte Silberbarren versenkt haben. Diese Chronik vom Rektor der Köllner Stadtschule Peter Hafft, war auch die Quelle für Kleists „Michael Kohlhaas".

Paul Löbe, 1875–1967, SPD-Politiker.
Grab: Waldfriedhof an der Potsdamer Chaussee in Nikolassee.

Museum für Deutsche Volkskunde, Im Winkel 6–8.
Das neueste von der „Stiftung Preußischer Kulturbesitz" eingerichtete Museum. Es enthält Werkzeuge, Möbel, Gegenstände des täglichen Lebens, Keramik, Textilien und Volkskunst aus dem deutschsprachigen Raum.

Museumsdorf, an der Clauertstraße in Düppel.
Rekonstruktion eines altpreußischen Dorfes (Urzehlendorf), seiner alten Lebensgewohnheiten, der Handwerkskunst und der dazugehörigen Werkzeuge.

Pfaueninsel.
1680 wird die Insel als „Pfau-Werder", später als „Kaninchen-Werder" bezeichnet. 1885–89 hatte hier auf Veranlassung des Großen Kurfürsten der Chemiker Johann Kunckel ein geheimes Labor, in dem er beim Versuch, Gold herzustellen, das Rubinglas erfand. Ende des 18. Jahrhunderts wurde die Insel Refugium Friedrich Wilhelms II., der dort von 1794–97 das Schlößchen, das Kastellanhaus und die Meierei errichten ließ (Schloß und Meierei als künstlich geschaffene Ruinen). In den Jahren 1818 bis 1824 legte König Friedrich Wilhelm III. eine Menagerie fremdländischer Tiere an, die 1844 dem neu gegründeten Berliner Zoologischen Garten übereignet wurde. 1822 hatte Peter Joseph Lenné die Insel in einen englischen Landschaftsgarten umgestaltet.
1924 wurde die Insel zum Naturschutzgebiet erklärt; sie ist heute ein beliebtes Ausflugsziel der Berliner.

Erwin Piscator, 1893–1966, Regisseur, Intendant, Theatertheoretiker.
Grab: Waldfriedhof an der Potsdamer Chaussee in Nikolassee.

Ernst Reuter, 1889–1953, Politiker, erster Regierender Bürgermeister von Berlin. Wohnte im Haus Bülowstraße 33 (Gedenktafel).
Grab: Waldfriedhof Zehlendorf, Potsdamer Chaussee.

Claus Graf Schenk v. Stauffenberg, 1907–1944, Oberst.
Widerstandskämpfer, nach dem Attentat auf Hitler am 20. Juli 1944 im Hof des Bendlerblocks (in der heutigen Stauffenbergstraße) hingerichtet.
Wohnhaus: Tristanstraße 8 in Nikolassee.

Schwanenwerder.
Bis 1901 hieß die Insel „Cladower Sandwerder". 1882 hatte der Fabrikbesitzer, Kommerzienrat Wilhelm Wessel die 200 000 qm große Insel für 9 000,– Mark vom Kladower Gutsbesitzer Kässner erworben, um sie parzellenweise zum Kauf anzubieten. Bei seinem Tod 1898 waren aber erst wenige Villen erbaut; erst kurz vor und nach dem ersten Weltkrieg entwickelte sich die Insel zum „Millionenwerder", dem Dorado der Wirtschafts- und Finanzprominenz. In der NS-Zeit zog hier eine andere Prominenz ein: der Leibarzt Hitlers, Dr. Theo Morel, wohnte hier, sowie der Reichsminister für Volksaufklärung und Propaganda, Dr. Joseph Goebbels (Inselstraße 10/14).
Heute sind neben dem „Aspen-Institut" verschiedene Freizeitzentren und Zeltlagerplätze der Bezirksämter Schöneberg, Steglitz und Tempelhof auf der Insel untergebracht.

Steinstücken.
Bis 1972 Exklave, durch die Vereinbarungen zwischen dem Berliner Senat und der DDR vom Dezember 1971 nun mit einem breiten, unkontrollierten, auf beiden Seiten von der Mauer begrenzten Zugang.

„Warnicke", Machnower Straße 107, direkt an der DDR-Grenze.
Zu Beginn des Jahrhunderts von Paul Scheerbart bevorzugtes Gasthaus. In den 60er Jahren wieder Treffpunkt von Literaten und Künstlern.

STAHL
OFFENBACHER
LEDERWAREN
im FORUM
VERMIETUNG
BERLINER

3 Steglitz

mit den Ortsteilen Steglitz, Lankwitz, Lichterfelde

Auf einen geschlängelten, gemäßigten Höhenflug begibt sich die **Zeunepromenade** dort, wo die Königin-Luise-Straße aufhört so zu heißen und den Namen Grunewaldstraße annimmt. Sie klettert über den Fichtenberg, macht sich breit im Fichtenberg-Park und kommt, nach einigen Kapriolen und Versatz-Sprüngen, auf die Steglitzer Schloßstraße herunter.

Steglitzer Perspektiven: Da ist der Botanische Garten, der sich stolz hinlagert mit seinen historischen Gewächshäusern, Stahlgerippen mit Glas samt Türmchen aus Stahl und Glas. Architekturen und Blattwerke wuchern. — Da öffnen sich die ‚südlichen Vorstädte', in die sich einst ein Dichter aus Prag geflüchtet hat, aus der Bedrückung der Familien-Atmosphäre, aus der Abhängigkeit von seinem Vater, aus einer Prager Welt, die ihn in Ängsten hielt. Ganz zu Ende seines Lebens fand er noch den Absprung aus Prag, mit einem jungen Mädchen, das ihm den Mut gab dazu, und er promenierte hier, sicher auch auf der Zeunepromenade.

Es war im Inflationsjahr 1923. Gegen den 26. September dieses Jahres kam er hierher. Er fühlte sich frei, zum ersten Mal in seinem Leben, obwohl er schon krank war auf den Tod, und er hatte Hoffnungen, obwohl er sich höchstens ins Innere von Steglitz wagen konnte, kaum ins Innere von Berlin, weil es für ihn dort unmöglich war, zu atmen: „Du mußt auch bedenken, daß ich hier halb ländlich lebe, weder unter dem grausamen, noch aber auch unter dem pädagogischen Druck des eigentlichen Berlin. Das ist auch verwöhnend. Ich war einmal mit Dir bei Josty, einmal bei Emmy . . ., — das sind gewiß alle meine Ausflüge nach Berlin in diesen vier Wochen gewesen, und fast von allen kam ich elend zurück und tief dankbar, daß ich in Steglitz wohne. Mein ‚Potsdamer Platz' ist der Steglitzer Rathausplatz, dort fahren zwei oder drei Elektrische, dort vollzieht sich ein kleiner Verkehr, dort sind die Filialen von Ullstein, Mosse und Scherl, und aus den ersten Zeitungsseiten, die dort aushängen, sauge ich das Gift, das ich knapp noch ertrage, manchmal (gerade wird im Vorzimmer von Straßenkämpfen gesprochen) augenblicksweise auch nicht ertrage —, aber dann verlasse ich diese Öffentlichkeit und verliere mich, wenn ich noch die Kraft dazu habe, in den stillen, herbstlichen Alleen. Meine Straße ist die letzte annähernd städtische, dann löst sich alles in den Frieden von Gärten und Villen auf, jede Straße ist ein friedlicher Gartenspazierweg oder kann es sein ...“

Er war dankbar für die hellen ‚Naturhallen‘ hier im Süden Berlins, und er schrieb hier seine beiden schönsten Geschichten: ‚Der Bau‘ und ‚Josefine die Sängerin, oder das Volk der Mäuse‘: „Unser Leben ist sehr unruhig“, läßt er eine Freundin der außerordentlichen Maus Josefine berichten, „jeder Tag bringt Überraschungen, Beängstigungen, Hoffnungen und Schrecken, daß der Einzelne unmöglich dies alles ertragen könnte, hätte er nicht jeder Zeit bei Tag und Nacht den Rückhalt der Genossen; aber selbst so wird es oft recht schwer; manchmal zittern selbst tausend Schultern unter der Last, die eigentlich nur für *einen* bestimmt war. Dann hält Josefine ihre Zeit für gekommen. Schon steht sie da, das zarte Wesen, besonders unterhalb der Brust beängstigend vibrierend, es ist, als hätte sie alle ihre Kraft im Gesang versammelt ...“

Drei Mal mußte er umziehen in diesem Berliner Halbjahr, von der Miquelstraße 8 in die Grunewaldstraße 13, und von dort nach Zehlendorf, in die Heidestraße 25 (die heutige Busseallee). — Die Krankheit war nicht aufzuhalten. Zur Lungentuberkulose kam der Kehlkopfkrebs. Er verließ Berlin am 17. März. Begleitet von seiner Freundin, Dora Diamant, und einem jungen Mediziner verbrachte er seine letzten Tage in einem Sanatorium in Kierling bei Wien, — Franz Kafka, gestorben am 3. Juni 1924. —

Die südlichen Vorhallen Berlins, Lankwitz, Lichterfelde: ganz im Süden findest du einen Aussichtsberg besonderer Art, einen **‚künstlichen Flugberg‘**, den hier ein Berliner auf eigene Kosten aufschüttete, um seine Gleit- und Flug-Experimente zu machen: Otto Lilienthal. Er ist einer der Nachfahren der frühen Sagengestalten und Pioniere, die dem Traum vom fliegenden Menschen nachhingen, von

Daedalus und Ikarus und Wieland dem Schmied bis zum Schneider von Ulm, — er kam zu einer historischen Stunde, die dem Erreichen des Ziels schon ganz nahe gerückt war, — ja, er flog, er hob sich ab von der Erde, ein Mann, der nicht nur ‚Träumer', der auch ‚Techniker' war, nicht nur ‚Autor', auch ein Mann mit ökonomisch-politischen Veränderungs-Ideen, — an der Schütte-Lanz-Straße ist sein Flugberg ihm zu Ehren erhalten und in eine Lilienthal-Gedächtnisstätte verwandelt worden. „Es ist schwer, demjenigen, welcher derartige Gleitflüge nie versucht hat", so schrieb er, „eine richtige Vorstellung von den Reizen dieser schwungvollen Bewegung zu verschaffen, wenn man aus Erfahrung weiß, wie sicher man sich auf die Tragfähigkeit der Luft verlassen kann. Die Tiefe, über die man dahinschwebt, verliert ihre Schrecken, wenn man, auf breiten Fittichen ruhend, von nichts als der Luft berührt, durch nichts als den Wind gehoben, mit einem gut erprobten Apparat dahingleitet, der, dem leisesten Drucke gehorchend, unserem Willen sich fügt."

Sein Tod war gewaltsam. Er stürzte ab, nach vielen Flugerfolgen brach er sich das Genick. — „Warum habt ihr mir nicht früher gesagt, was Lerchen sind!" ruft der Schriftsteller Günter Bruno Fuchs aus seinem, Lilienthals Mund, auf die Stadt hinunter. —

Willst du noch weiter im Süden von Steglitz Ausschau halten, dann begib dich von der flugsehnsüchtigen Lilienthal-Gedenkstätte und dem dazugehörigen berlinischen Karpfenteich bis knapp vor die Grenzsperren in Lichterfelde-Süd, und besteige dort die **Rodelbahn ‚Am Wäldchen'**. Hier, weitab, gelingt dir ein Blick nach Zossen und Königs Wusterhausen hinüber.

Aber wenn es dir mehr nach ‚Stadt' zumut ist, dann setze dich in die oberste Etage des **‚Bierpinsel'** in der Schloßstraße, Ecke Schildhornstraße, nicht weit vom Steglitzer Kreisel. Hier siehst du nicht nur von oben in die quirrligen Alltags- und Arbeits-Straßen von Steglitz, — von hier kiebitzt du auch hinüber nach Dahlem und Friedenau. Mach dort die Runde von Tisch zu Tisch, der Rundblick ist weit. Nach Lichterfelde, nach Lankwitz, sogar zum Teufelsberg bekommst du Sichtverbindung.

J.J. DARBOVEN
Kaffeedarboven

BALLY
Coca-Cola

Die

MITA

Tack
Siemens
Radio/TV

Coca-Cola
richtig für daheim
Stachel-
beeren
Blumen Kohl
Coca-Cola
Frisch:
Avocados
Papaya
Limetten
Coca-Cola
Natur
Garten-
Kohlrab
Coca-Cola
Neuseel.
Tamarillos
Griech.-
Aprikosen
Coca-Cola
Frisch:
Ananas
und
Wein-
trauben
Fanta
Neue
Ernte:
WeissKohl
Coca-Cola
Frisch:
Pfirsiche
Kiwi
Coca-Cola
Frisch:
Kresse
Radiese
Coca-Cola
Honig-
und
Wasser-
melonen

Süde
Bataro.
Die neue Art von Cigaretten.
Schmeckt nur nach Tabak
Weil Tabak drumrum ist.
BATARO
WÜRZIGER TABAK
DURCH & DURCH
20 CIGARE

nde
Bataro.
Die neue Art von Cigaretten.
Schmeckt nur nach Tabak
Weil Tabak drumrum ist
BATARO
WÜRZIGER TABAK
DURCH & DURCH
20 CIGARE

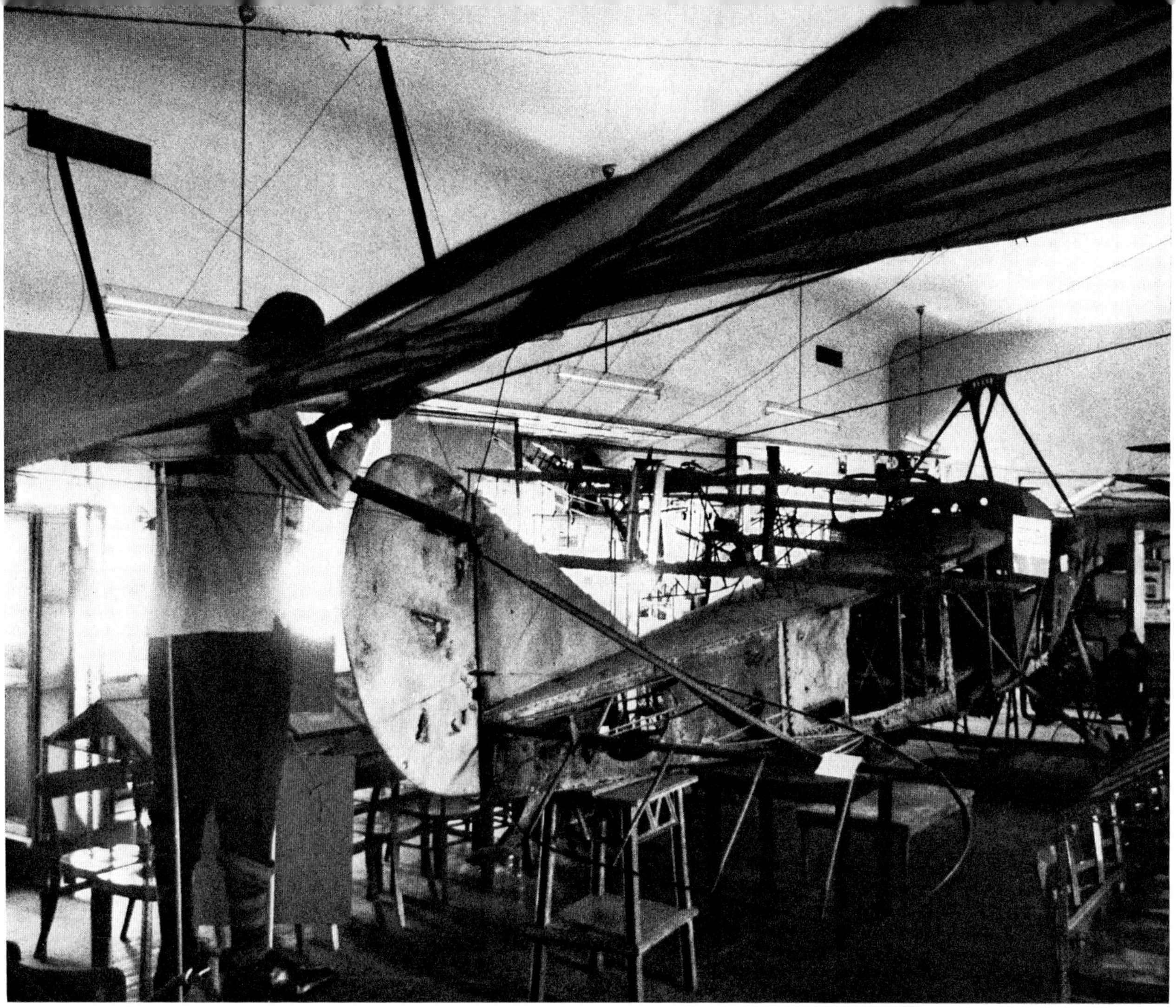

Betreten
der Baustelle
verboten!

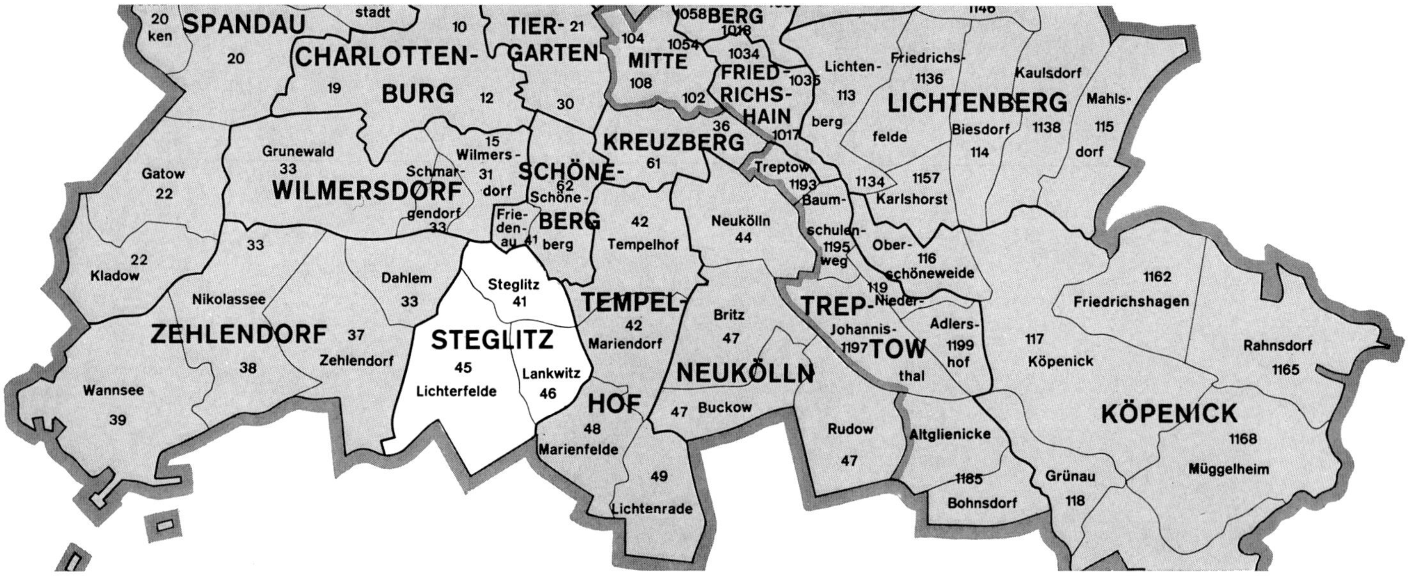

Steglitz

Architektur und Städtebau

Dorfkirche Giesendorf, Ostpreußendamm/Ecke Osdorfer Straße.
Zweitkleinste der Berliner Dorfkirchen, aus dem 14. Jahrhundert. Im Krieg zerstört; 1955 in alter Form wiederhergestellt.

Dorfkirche Lankwitz, Alt-Lankwitz.
In der spätromanischen Zeit entstanden. 1943 ausgebrannt, 1955/56 in der ursprünglichen Form wieder aufgebaut.

Dorfkirche Lichterfelde, Hindenburgdamm.
Ein Feldsteinbau des 14. Jahrhunderts, in den letzten Jahrzehnten mehrfach umgebaut. 1939 hat man sie einheitlich romanisiert.

Elektro-Mechanik-Fabrik, Nicolaistraße 7.
1928 als Fabrik für elektrotechnische Meßinstrumente von Martin Punitzer erbaut.

Fachwerkhäuser an der Curtiusstraße, in Lichterfelde.
Zwischen Drakestraße und Bahnhof Lichterfelde-West entstand 1897 ein Einkaufszentrum (West-Bazar) mit Häusern im Fachwerkstil. Herausragend das sogenannte Emisch-Haus.

FU-Klinikum Steglitz, Klingsorstraße.
Europas modernstes medizinisches Forschungs-, Lehr- und Behandlungszentrum.
Initiator war Willy Brandt, Bauherr die Benjamin-Franklin-Stiftung. 1961–69 nach Entwürfen der amerikanischen Architekten Curtis und Davis unter der Leitung von Franz Mocken erbaut.

Hauptkadettenanstalt, an der Finkensteinallee.
Um 1878 von den Bauräten Fleischinger und Voigtel erbaut. Die Institution wurde infolge der Bestimmungen des Versailler Friedensvertrags aufgelöst. Am 30. Juni 1934 exekutierte hier Hitlers „Leibstandarte" die der Teilnahme am „Röhm-Putsch" bezichtigten Berliner SA-Leute. Im Sommer 1945 zogen die Amerikaner in das Gebäude und benannten es in **„Steubenhaus"** um.

Landhäuser in Lichterfelde.
Der Bereich um den Kadettenweg, die Paulinen- und Marthastraße bietet eine Häuseransammlung besonderer Art: hier stehen Burgen, Miniatur-Palazzi, Schweizerhäuschen, Backsteinschlösser. Die „Ritterburgen", einige mit Graben und Zugbrücke wie in der Paulinenstraße sind Ende des vorigen Jahrhunderts von Gustav Lilienthal (1849–1933, Bruder des Flugpioniers Otto Lilienthal) erbaut worden. Technische Experimente (Luftheizung z. B.) und Ritterburgsolidität, Aerodynamik und gotische Türklinken geben hier ein Beispiel der rück- wie vorwärtsgewandten Jahrhundertwende.

Lichterfelder Schlößchen, Hindenburgdamm 28.
Im 17. Jahrhundert durch den Begründer von Groß-Lichterfelde, Wilhelm von Carstenn, als Gutshaus erbaut, gegen Ende des letzten Jahrhunderts erweitert. Steht seit seiner abermaligen Erneuerung 1952/53 unter Denkmalschutz.

Lilienthal-Gedenkstätte, Schütte-Lanz-Straße in Lichterfelde.
1932 zu Ehren des Flugpioniers Otto Lilienthal oben auf dem 15 Meter hohen „Flugberg" errichtet, den sich Lilienthal 1894 auf eigene Kosten für seine Flugversuche aufschütten ließ. Das vor kurzem noch zugängliche **„Museum der Weltluftfahrt"** neben der Gedenkstätte hat zur Zeit noch kein neues Domizil gefunden.

Rathaus Steglitz, Schloßstraße.
1898 von den Architekten Reinhardt und Süßenguth im neugotischen Stil erbaut.

„Rauchlose Siedlung", Steglitzer Damm, Munsterdamm, Immenweg, Hünensteig.
1930 von Paul Mebes, Paul Emmerich und Heinrich Straumer erbaut. Heizung und Warmwasser durch Fernanschluß, Küchen elektrisch; dadurch die Möglichkeit, auf Ofenheizung zu verzichten.

Stadion Lichterfelde, Ostpreußendamm 3–17.
1929 von Architekt Fritz Freymüller erbaut.

Steglitz.
Ehemaliges Dorf der Mark Brandenburg. Heute Stadtbezirk mit den Ortsteilen Steglitz, Lichterfelde, Lankwitz, der aus den ehemaligen Teltower Landgemeinden Steglitz, Groß-Lichterfelde (1878 aus den Dörfern Lichterfelde und Giesendorf vereinigt), Lankwitz und der Villenkolonie Südende entstand. 1242 erstmals urkundlich erwähnt. Sein Name leitet sich von einem alten deutschen Rittergeschlecht her (von Steglitze). 1871 hatte es 1900 Einwohner, 1918 bereits 83 000. Die Stadtrechte hat es nicht erhalten. 1920 wurde es Groß-Berlin eingemeindet.

Steglitzer Kreisel, Schloßstraße.
Seit dem Bauskandal von 1974 leerstehende und herrenlose „Bauruine", die im Oktober 1977 versteigert wurde.
Die bisherige Architektin: Siegrid Kressmann-Zschach.

Titania-Palast, Schloßstraße 5.
1927 von den Architekten Schoeffler, Schloenbach und Jacobi als „Massenkino" erbaut. Auch Aufführungsort von Operetten und Musicals, heute Geschäftshaus.

Turmrestaurant, Schloßstraße.
Im Volksmund **„Bierpinsel"** genannt. 1974–77 von den Architekten Ralf und Ursulina Schüler-Witte als Aussichtsrestaurant erbaut. Schnell populär wurde er durch die öffentliche Sendung des Rias „Zweites Frühstück mit John Hendrick", die von dort jeden Montagvormittag direkt übertragen wird.

Wohnbauten, am Fritschweg zwischen Grillparzer- und Rückertstraße.
1907/08 von Paul Mebes und Paul Emmerich, angelehnt an Vorbilder aus der Zeit um 1800, errichtet.

Wrangel-Schlößchen, Schloß-/Ecke Wrangelstraße.
1804 im Auftrag des Steglitzer Gutsherren, des preußischen Staatsminister von Beyme, als Schloß Steglitz errichtet. Der Rokokosaal, die Eingangshalle und der Kuppelsaal von Schinkel stehen unter Denkmalsschutz.
Mitte des 19. Jahrhunderts wurde es Wohnsitz des preußischen

Generalfeldmarschalls Wrangel.
Heute beherbergt es ein Restaurant und eine Weinstube, in einem Nebengebäude das „Schloßpark-Theater".

Zeilenhäuser, an der Walsroder Straße.
1933/34 von Paul Mebes und Paul Emmerich als viergeschossige Putzbauten mit Flachdächern errichtet.

Literatur

Wolfgang Kirchbach, 1857–1906, Schriftsteller, Mitbegründer des „Wandervogels".
Wohnte von 1901–06 in der Steinäckerstraße 32 in Lichterfelde.

Franz Kafka, 1883–1924, Schriftsteller.
Übersiedelte 1923 aus Prag nach Berlin. Seine zweite Wohnung war im Haus Grunewaldstraße 13 in Steglitz (Gedenktafel).

Otto zur Linde, 1873–1938, Lyriker, Essayist.
Bekämpfte mit Gesinnungsgenossen in seinem „Charon-Kreis" den Naturalismus. Starb verarmt in Berlin.
Grab: Parkfriedhof Lichterfelde, Luzerner Straße.

Luise Nordmann, „Harfenjule" (Gedicht von Klabund).
Ihr Grab befindet sich auf dem Friedhof der Luthergemeinde in Lankwitz.

Rudolf Pannwitz, 1881–1969, Dichter, Kulturkritiker, Gründer des Dichterkreises „Charon".
Wohnte in der Schmidt-Ott-Straße 3 in Steglitz (Haus ist durch Neubau ersetzt).

August Scholtis, 1901–1969, Erzähler.
Seit 1928 Journalist und Schriftsteller in Berlin; wohnte bis zu seinem Tode in der Grunewaldstraße 6.

Heinrich Seidel, 1842–1906, Schriftsteller.
Kam 1866 an die Gewerbeakademie Berlin, konstruierte als Ingenieur das Hallendach des Anhalter Bahnhofs, war seit 1880 freier Schriftsteller („Leberecht Hühnchen").
Wohnte bis zu seinem Tod in der Boothstraße 29 in Lichterfelde.
Grab: Alter Friedhof Lichterfelde, Moltkestraße.

Bruno Wille, 1860–1928, neuromantischer Lyriker, Erzähler.
Grab: Parkfriedhof Lichterfelde, Luzerner Straße.

Bildende Kunst

Walter Leistikow, 1865–1908, Maler, Mitbegründer der Berliner Sezession.
Bekannt durch seine Berliner Landschaften.
Grab: Städtischer Friedhof Steglitz, Bergstraße 37–47. (Die Grabrede hielten Gerhart Hauptmann und Max Liebermann.)

Musik

Paul Lincke, 1866–1946, Komponist.
Verfaßte viele seiner Musikstücke im Haus Grunewaldstraße 22.

Titania-Palast, Schloßstraße 5.
Konzert- und Theatersaal. War bis 1955 Spielort der Berliner Philharmoniker. In den 50er Jahren, bis zur Wiedereröffnung des „Theater des Westens" Aufführungsort von Operetten und Musicals wie „Porgy and Bess", „Westside-Story" usw.
1965/66 gastierte dort Joan Littlewood mit ihrer Revue „Oh What a Lovely War".

Wissenschaft

Jean d'Ans, 1881–1969, Chemiker, Ehrensenator und erster gewählter Rektor der Technischen Universität Berlin.
Wohnte bis zu seinem Tod in der Rothenburgstraße 31 in Steglitz.

Bundesanstalt für Materialprüfung, Unter den Eichen 87.

Gesellschaft für Erdkunde zu Berlin, Arno-Holz-Straße 14.
1828 als älteste geographische Institution von Alexander von Humboldt gegründet; hat seit 1967 ihr Forschungszentrum im **Alexander-von-Humboldt-Haus** in der Arno-Holz-Straße.

Pädagogische Hochschule, Malteserstraße 74–100.
Besteht seit 1946 und wurde im Dezember 1966 durch Gesetz zur wissenschaftlichen Hochschule erhoben.

Georg Schweinfurth, 1836–1925, Naturwissenschaftler und Afrikaforscher.
Grab: im Botanischen Garten.

Eduard Spranger, 1882–1963, Philosoph.
Geburtshaus Chausseestraße 21 (jetzt Hindenburgdamm) in Lichterfelde.

Joachim Tiburtius, 1889–1967, Volkswirtschaftler, Kulturpolitiker, von 1951–63 Senator für Volksbildung.
Wohnte bis zu seinem Tod in der Hortensienstraße 12 in Lichterfelde.

Sonstiges

Karl Friedrich von Beyme, 1765–1838, preußischer Großkanzler und Staatsminister, Gutsherr und Gründer der Gemeinde Steglitz (1806).
Wohnte in der Schloßstraße.

Blindenbildungsanstalt, Rothenburgstraße.
Die erste deutsche Institution dieser Art.

Botanischer Garten, Königin-Luise-Straße 6–8.
Von 1896–1909 von dem Botaniker Adolf Engler in Steglitz neu angelegt. Seine Tradition reicht bis zum Großen Kurfürsten zurück, der 1646 beim Berliner Stadtschloß einen botanischen Garten anlegen ließ, der 1679 in die Potsdamer Straße an die Stelle des heutigen Kleistparks verlegt wurde und dort bis 1908 bestand.
Mit seinen rund 18 000 Pflanzenarten, seinen 16 Schau- und 29 Kulturhäusern (darunter das große Tropenhaus [Palmenhaus]) aus Stahl und Glas, stellt der Botanische Garten heute eine der umfangreichsten und vielfältigsten Einrichtungen seiner Art in Europa dar.
Benachbart ist das **Botanische Museum** (1903–05 erbaut).
Dem Publikum zugänglich ist hier aber nur das **Botanische Schaumuseum** – einziges speziell botanisches Museum in Deutschland.

Wilhelm von Carstenn, 1822–1896, Gründer von Groß-Lichterfelde (1868–78). Wohnte im Gutshaus **(Carstennschloß),** Hindenburgdamm 28.

Otto Dibelius, 1880–1967, evangelischer Bischof von Berlin-Brandenburg.
War Pfarrer an der Johanniskirche in Lichterfelde und wohnte 1935–47 in der Brüderstraße 5.

Filmlager der Deutschen Kinemathek, Malteserstraße 74.
Sammlung von Dokumentationsmaterial auf dem gesamten Sektor Film vom Anfang der Filmgeschichte bis heute. Siehe auch Stiftung Deutsche Kinemathek, Charlottenburg

Theodor Heuss, 1884–1963, Politiker.
Wohnte bis 1943 in der Kamillenstraße 6 in Lichterfelde (Gedenktafel).

Otto Lilienthal, 1848–1896, Flugpionier.
Wohnte von 1876–96 in der Boothstraße 17 in Lichterfelde.
Grab: Alter Friedhof in Lichterfelde-Ost, Lange Straße.
Ein **Denkmal** – eine Ikarus-Gestalt mit ausgebreiteten Flügeln – von Peter Breuer (1914), steht in den Parkanlagen am Teltowkanal nahe der Bäkebrücke.

Schloßparktheater, Schloßstraße 48.
1921 unter Leitung des Schauspielers Paul Henckels eröffnet. Von 1935 an war es ein Kino und wurde am 3. November 1945 unter der Intendanz von Boleslaw Barlog mit Curt Goetz' „Hokuspokus" als erstes Theater im amerikanischen Sektor wieder eröffnet.

Werner von Siemens, 1816–1892, Gründer der Firma Siemens & Halske.
Setzte in Lichterfelde am 16. Mai 1881 die erste elektrische Straßenbahn der Welt in Betrieb. Sie fuhr vom Bahnhof Lichterfelde-Ost zur Kadettenanstalt und wurde später um die Strecke Lichterfelde-Ost/Bahnhof Steglitz erweitert.

Stadtpark Steglitz.
1906–12 aus alten Gutsgärten gebildet.

Steglitzer Eisenbahntheater.
Ein privates, nur 2 Jahre bestehendes Unternehmen des Schauspieldirektors Georg Wilhelm Metz. Am 24. Juni 1840 die erste Aufführung „auf dem hinter dem Garten des Gastwirts Stephani und der Eisenbahn belegenen Platze" (Gelände des heutigen Steglitzer Kreisels).

Tierfriedhof, Passauer Straße.
Neben dem **Tierheim Lankwitz** des Tierschutzvereins.

U
U
Spielwaren
HELLMANN
midinette

4 Schöneberg

mit den Ortsteilen Schöneberg, Friedenau

Dreißig Meter hoch über der Umgebung und achtundsiebzig Meter über Normal-Null stehst du auf dem **Insulaner,** dem Trümmerberg am Südende von Schöneberg. Hier liegen, in praktikabler Nachbarschaft, die Sternwarte und das Planetarium. — Der Insulaner ist fast zugewachsen, in dem Vierteljahrhundert, das er hinter sich hat, — und so ist es im Sommer besser, du nimmst zum Aussichtspunkt die benachbarte **Marienhöhe.** Sie liegt zwar schon auf Tempelhofer Gebiet, aber von hier siehst du über Schöneberg, und weiter nach Norden, bis zur Gedächtniskirche und zur Siegessäule.

Du schaust über Kleingärten, die später einmal vielleicht einem zentralen Personen- und Güterbahnhof Platz machen müssen, also über das ‚Südgelände', bis hin zum südlichen Teil der ‚Insel', — eines Viertels von Schöneberg, das eingegrenzt ist von Bahnkörpern. Hier wurde zu Beginn des Jahrhunderts ‚Die Hilfe' herausgegeben, von Friedrich Naumann, und Theodor Heuss arbeitete in der Redaktion mit. Die Redaktion dieser Zeitschrift politisch-tätiger Nächstenliebe lag ganz richtig hier in der ‚Insel'. Aber auch noch ein anderer Name sorgte für berlinische Ausstrahlung ‚von unten her' aus dem ‚Kietz': am 27. 12. 1901 wurde hier in der Leberstraße 65 (damals war das Sedanstraße 53), als Tochter eines Polizeileutnants, ein Mädchen Maria Magdalena Dietrich geboren: — Marlene Dietrich, der ‚blaue Engel'. — Und auf dem Kirchhof II der Zwölf-Apostel-Gemeinde, zwischen Werdauer Weg und Schöneberger Kleeblatt, liegt Paul Simmel begraben, ein gebürtiger Spandauer. In seinen Witz-Zeichnungen blickte er ‚von unten her' auf die Neureichen, auf die Machenschaften der Manipulanten, — in seinen Karikaturen sah er ‚den Diktator' voraus: „Wer nicht lacht, wird erschossen!" — 1933 hat man ihn hier beigesetzt.

Gleich nördlich von der Marienhöhe, über Friedhöfe hinweg, erkennst du den Alboin-Platz, — mit der ‚Blanken Helle', einem Fischteich, der ein tiefes, eiszeitliches Strudelloch ist, eine Art Krater, schilfig. Das ist wohl das kurioseste Naturschutzgebiet der Stadt, eng eingeschlossen von einer rosenhag-parkbankbewehrten rentnerischen Großeltern-und-Enkel-Umgebung. Dort, über dem Eiszeit-Loch, gibt es einen großen gemauerten Auerochsen, dem das Gras aus dem halbwegs mesopotamischen Rücken wächst, und alle Straßen hören hier auf germanische Völkernamen und Recken. Was du hier siehst, hörst und liest, ergibt eine der verrücktesten Mischungen von Tugendsystemen und Atmosphären.

Daran schließen sich, an der langen Alboin-Straße, Fabriken an, Stapelplätze und Lagerhallen: nur auf der *einen* Seite der Straße allerdings, die andere offeriert Konditoreien, Eckkneipen, Wohngebäude. Dann kommt das große Ausfallstraßen-System. So wie einst die Eisenbahn das Gesicht der Stadt entscheidend verändert und bestimmt hat, so tut jetzt das Auto ganze Arbeit. Die Bahnkörper und Geleise liegen bröckelnd, rostend, verwuchert und weitgehend ungenutzt daneben, ein Troglodyten-System. Wäre es sinnvoll, es wieder zum Leben zu erwecken? Und wie wird das alles aussehen, wenn das Auto historisch geworden sein wird? Es ist leicht vorauszusagen, daß auch dieses System schnell dahingehen wird, das jetzt, in allem seinem Glanz und Gestank, seine Hoch-Zeit hat.

Schöneberg im Nordwesten: das ist das Schöneberg um das Rathaus und um den Kleistpark, — das ist wieder ein ganz anderes Quartier. Du kannst dir vom **Turm des Rathauses Schöneberg** einen ersten Überblick verschaffen.

Bunt und lustig ist der Markt vor dem Rathaus, und solche bunten Punkte findest du auch sonst verstreut über Schöneberg, Friedenau, — überhaupt: Straßenmärkte sind beliebt in Berlin, auch Rummelplätze. — Sicher, der John-F.-Kennedy-Platz vor dem Rathaus ist geschichtsgeschwängert, aber er hat sich nicht durch die ‚große Geschichte' versteifen oder austrocknen lassen, er ist privatistisch-öffentlich geblieben, populär zumindest an den Markttagen, und das Regieren hat sich hier noch nicht ins Unnahbare zurückgezogen, in ‚Regierungsviertel', — es ist, — noch —, in räumlicher Enge allerdings, im Quartier geblieben. So hat ‚das Regieren' noch nicht den legeren Stil verloren, den Ernst Reuter hier eingeführt hat, und der auch Improvisationen und schnelles Reagieren auf Unvorhergesehenes möglich machen soll, — ein Stil, den Ernst Reuter beherrschte, und der seine Vorteile und seine Nachteile hat, — *können* muß man ihn.

Im Schöneberger Rathaus drängen sich zwei Verwaltungen: die des Landes Berlin, und die des Bezirkes Schöneberg. Ob sich das auf die Dauer so halten läßt, ist fraglich. Ein Ausweichen der Regierung in eine weniger bevölkerte Gegend der Stadt, etwa in Bürosilos oder in Repräsentationsräume, ist eher ein Risiko für die Atmosphäre dieser Stadt. Dieses Ausweichen scheint bevorzustehen, wahrscheinlich in die Kongreßhalle im Tiergarten. — Nahe dem John-F.-Kennedy-Platz liegt, an der Hauptstraße, die alte Dorfkirche von Schöneberg, und hinter ihrem denkmalgeschmückten Kirchhof der Heinrich-Lassen-Park. Er setzt sich aus den ehemaligen Gärten der Landhäuser zusammen, die zwischen 1865 und 1880, als hier die Landspekulationen florierten, von den ‚Schöneberger Millionenbauern' errichtet worden sind. Heute ist der Park inmitten des Gedränges ein Ort für Kinderspiele, und auch für Kartenspieler in einer Schattenecke an der Friedhofsmauer. Auch die Landhäuser selber sind noch zu sehen, mit griechischen Säulen und Karyatiden, an der Hauptstraße.

Der Heinrich-von-Kleist-Park: Er war bis 1908 der Berliner Botanische Garten, und dieser war aus dem Kurfürstlichen Hopfen- und Küchengarten hervorgegangen. Von 1819 bis 1838 hatte der Garten einen berühmten Kustos und ‚Aufseher der Pflanzen', den weitgereisten Dichter Adalbert von Chamisso, den Autor des Peter Schlemihl. — Chamisso, Reisender nach Chile, Kalifornien, die Philippinen, die Marianen und die Karolinen-Inseln, nach Waihu und die Osterinsel, Salas y Gomez, — Naturgelehrter, Sprachgelehrter, Poet: „Ich muß jedem Freunde wünschen, den müffigen Schimmel, der sich in der Verschlossenheit so leicht ansetzt, auf erfrischenden Reisen zu lüften ..." Und *so* begann seine Reise um die Welt, am 15. Juli 1815:

„Wie wir von der Chaussee herunterkamen, schlief ich ein. Wir waren, als ich erwachte, in Tegel, wo gekneipt ward, das Wetter war schön und einladend, ich ging in die Heide botanisieren, und seitdem bald eingewohnt in der langsamen Tortur-Maschine, die Gegenwart, die Zukunft lebhafter fühlend und die Erinnerungen hinter mir wie liebliche Freunde hegend, hab' ich dieses getreu beobachtet, entweder zu schlafen oder zu botanisieren, und überhaupt zu thun, als wär' ich der Gelehrte auf der wissenschaftlichen Reise. Hier in der norddeutschen Steppe träumte ich mich mit Lichtenstein in die Karoo, und der Wagen, dem ich vor- und nachlief, war mir die Karawane, der ich angehörte ..."

Schöne Bäume, ein Zürgelbaum und eine Sumpfzypresse z. B., lassen die botanische Vergangenheit des Parks noch erkennen. Noch auf einem Stadtplan von 1860 ist zu sehen: der jetzige Kleist-Park, der damalige Botanische Garten, liegt entfernt von Berlin, mitten in Feldern, nördlich von der Straßensiedlung Neu-Schöneberg, — das war eine Weberkolonie, die Friedrich der Große für böhmische Emigranten angelegt hatte.

In diesem Park wurde 1909 bis 1913 das neue Kammergericht in der Form eines Barock-Schlosses erbaut, — und seit 1945 residiert hier der Alliierte Kontrollrat. Als die UdSSR 1948 aus dieser Viermächte-Verwaltung auszog, blieb dort als einzige arbeitende Institution die Alliierte Luftsicherheitszentrale übrig. Schließlich fanden hier die Verhandlungen der vier Mächte Frankreich, Großbritannien, UdSSR und USA statt, die, im Zug der Entspannungspolitik, 1972 zu den Viermächte-Vereinbarungen über Berlin führten.

Auffällig sind die beiden Bronzegruppen der ‚Rossebändiger' vor der Gartenfront des Gebäudes. Sie stammen von dem russischen Bildhauer Peter Baron de Clodt, und sie kamen 1945 von der Lustgarten-

Terrasse des Berliner Stadtschlosses hierher. Es waren Geschenke von Zar Nikolaus I. von Rußland an seinen Schwager Friedrich Wilhelm IV., im Jahr 1842. Wiederholungen davon stehen noch heute auf der Anitschkowbrücke in Leningrad. Von den Berlinern bekamen sie die anzüglichen Übernamen: der ‚beförderte Rückschritt' und der ‚gehemmte Fortschritt'. —

Der Ortsteil Friedenau hatte seine eigene Entwicklung. Er wurde 1871 als Landhauskolonie geplant und angelegt, ohne alten Dorfkern, — und so ist Friedenau zunächst auf dem Reißbrett entstanden, allerdings auf einem des 19. Jahrhunderts. Die treibende Kraft war ein Gutsbesitzer und Unternehmer, Wilhelm v. Carstenn, — der Grundrißzeichner war ein Kirchenbaumeister, Johannes Otzen, und es war eine Siedlung von Beamten und Kapitalrentnern, die dann den Status einer Landgemeinde erhielt. Der Name Friedenau geht auf den Frankfurter Frieden von 1871 zurück. Noch heute zeigt der Siedlungsgrundriß die damalige symmetrisch geplante Anlage. Einige der Häuser haben ihren Charakter ‚Villen mit Vorgärten in stillen Wohnstraßen' bewahrt. Die neugotische ‚Kirche zum guten Hirten' (1893) auf dem Friedrich-Wilhelm-Platz und das Friedenauer Rathaus (1913—1917) am Breslauer Platz zeugen vom Wohlstand der Landgemeinde und von ihren großstädtischen Ansprüchen.

Die Zerschneidung der Stadt durch Straßen-Ödnisse, zu der z. B. die Bundesallee im Lauf der Zeit mehr und mehr stilisiert worden ist, ist ein warnendes Beispiel, daß es in Berlin nicht dazu kommen darf, daß „nichts mehr funktioniert außer dem Verkehr", — d. h. daß das Miteinanderwohnen und Zusammenleben zu kurz kommt, gehindert, ja schließlich verhindert wird. Die Längsstraße durch Friedenau war früher einmal eine Straße mit vier Baumreihen. Unter diesem Schattendach war allerhand Leben, und ein bequemes Hinüber und Herüber zwischen beiden Siedlungshälften war noch möglich; der Friedrich-Wilhelm-Platz bot sich als Treffpunkt an. — Aufs Ganze der Stadt gesehen: Überall, wo die Stadtplanung die ‚autogerechte Stadt' rigoros im Schild führte, verfiel sie in Irrtümer. Aus Einzelheiten, die ‚übrig geblieben' sind, muß eine Umwelt für Bewohner erhalten und geschaffen werden, nicht eine schnell durchquerbare Aschermittwochslandschaft für abgekapselte Blechkastenlenker.

Bahnhof Friedenau
Heinz Nitsch
Schirme Handschuhe
RHEINSTR 2
Mini-Schirme aller Systeme
Eigene Fabrikation
Eigene Reparatur-Abteilung
Heinz Nitsch
FACHGESCHÄFT
RHEINSTR 2

FRIEDE

Terrine
Sofort-
Reinigung
137

ZIGARETTEN
CAMEL
FILTERS
Trinkt
HERVA
...besiegeln wir's mit
Kindl
PILS
Lift
Trink
Coca-Cola
MARGNAT
MARTINI
ENGELHARDT
...besiegeln wir's mit
Kindl
PILS

20

Bürger
fest
Dürer
platz
HAMEG

REEMTSMA
R6
Geschmack.

Bachestraße
Bachestraße

BLUMEN
PENSION
Steinberg
Charlottenburg
Berliner Straße
Badensche Straße

9t
3,9m

was
kühlt

Berliner Stadtgrenze
Grenze Berlin (West)- Berlin (Ost)
Bezirksgrenze
Ortsteilgrenze
REINICKENDORF
SPANDAU
CHARLOTTEN-BURG
WEDDING
TIER-GARTEN
WILMERSDORF
SCHÖNE-BERG
KREUZBERG
ZEHLENDORF
STEGLITZ
TEMPEL-HOF
NEUKÖLLN
PANKOW
WEISSENSEE
PRENZ-LAUER-BERG
MITTE
FRIED-RICHS-HAIN
LICHTENBERG
TREP-TOW
KÖPENICK
28 Frohnau
27 Heiligensee
Hermsdorf 28
Waid-manns-lust
Lübars
Kon-rads-höhe
Tegel
Wittenau
Reinickendorf
Spandau
Hasel-horst
Siemens-stadt
Staa-ken
Gatow 22
Kladow
Grunewald 33
Schmar-gendorf
Wilmers-dorf
Frie-den-au 41
Schöne-berg
Tempelhof
Neukölln 44
Nikolassee
Dahlem 33
Steglitz 41
Zehlendorf
Wannsee 39
Lichterfelde
Lankwitz 46
Mariendorf
Britz 47
Buckow
Marienfelde
Lichtenrade
Rudow 47
1108 Blankenfelde
Buch 1115
Buchholz 1113
Karow 1116
Rosenthal
Nieder-schönhausen 111
Blanken-burg 1114
Pankow
Heiners-dorf
Malchow 1129
Warten-berg
Falken-berg
Weissensee 112
Hohen-schönhausen 1125
Marzahn 1146
Lichten-berg 113
Friedrichs-felde 1136
Kaulsdorf
Mahls-dorf 115
Biesdorf 114
Karlshorst 1157
Treptow
Baum-schulen-weg 1195
Ober-schöneweide 116
Nieder-schöneweide
Johannis-thal 1197
Adlers-hof 1199
Altglienicke
Bohnsdorf
Grünau 118
Friedrichshagen 1162
Köpenick 117
Rahnsdorf 1165
Müggelheim 1168
Schmöckwitz 1186

Schöneberg

Architektur und Städtebau

Architekten- und Ingenieur-Verein zu Berlin, Mackensenstraße 22.
1824 unter dem Namen „Architekten-Verein zu Berlin" gegründet (unter den Gründern Eduard Knoblauch und August Stüler), mit dem Ziel, u. a. die berufliche Fortbildung der Mitglieder zu fördern und sich mit aktuellen Fragen des Bauwesens auseinanderzusetzen. 1877 erste Ausgabe von „Berlin und seine Bauten". 1924 erfolgt die Umbenennung in „Architekten- und Ingenieur-Verein zu Berlin" (AIVB).
Seit 1855 wird jährlich der „Schinkelpreis" innerhalb des **„Schinkelwettbewerbs"** verliehen, eine Einrichtung mit nun schon über 100jähriger Tradition.

Dorfkirche Schöneberg, Hauptstraße.
Friderizianische Landkirche aus den Jahren 1764–66 (Schönebergs ältestes Baudenkmal), die auf der Stelle von 1544 und 1760 abgebrannten Vorgängerbauten steht. Im Krieg ausgebrannt, wurde sie 1955 in alter Form erneuert. Auf dem hochgelegenen Kirchhof stehen prunkvolle Mausoleen, Sandsteinkapellen, auch von Schinkel entworfene Grabmale.

Ehemaliger **Femina-Palast,** Nürnberger Straße 50–55.
1929 von den Architekten Hans Bielenberg und Josef Moser erbaut. In den 30er Jahren populärer Tanzpalast. Später als **„Tauentzien-Palast"** Domizil der „Badewanne" und des „Berliner Theaters". Heute Sitz des Senators für Finanzen.

Friedenau.
Seit 1920 Ortsteil von Schöneberg, wurde 1871 als Landhauskolonie angelegt, nach dem Siedlungsideal der Gründerzeit mit bogenförmigen Straßen und Kreisplätzen. Seinen Namen erhielt es in Erinnerung an den Frankfurter Frieden von 1871.

Die „Insel".
Von Bahnanlagen eingeschlossener Teil Schönebergs, mit dessen Bebauung nach dem Krieg 1870/71 begonnen wurde. Über die „Kolonnen"-Straße marschierten bis 1914 die in Moabit und Charlottenburg stationierten Regimenter zu Feldübungen und Paraden zum Tempelhofer Feld. Die Sedanstraße (seit 1947 Leberstraße, nach dem 1945 als Widerstandskämpfer hingerichteten Julius Leber) war lange Zeit die einzige Wohnstraße und traditionsreicher Ort politischer Auseinandersetzung bis über die 20er Jahre hinaus. Daher der Beiname die **„rote" Insel.** Hier befand sich auch das Redaktionsbüro der Zeitschrift „Die Hilfe", herausgegeben von Friedrich Naumann unter langjähriger Mitarbeit des jungen Theodor Heuss.

Kathreiner Hochhaus, Potsdamer Straße am Kleistpark.
1929/30 von Bruno Paul als Verwaltungsgebäude der Kathreiner A. G. erbaut. Zwischen zwei sechsgeschossigen Flügelbauten erhebt sich ein zwölfgeschossiger Querbau. Stahlskelettkonstruktion; Fensterpfeiler und Sockel mit deutschem und römischem Travertin verkleidet. Steht unter Denkmalschutz.

Heinrich-von-Kleist-Park, an der Potsdamer Straße.
Der alte Botanische Garten in Schöneberg (von 1679–1908), in dem Adalbert von Chamisso von 1819–38 als „Aufseher der Pflanzen" das Herbarium betreute, wurde 1909 in eine Grünanlage umgewandelt und erhielt anläßlich des 100. Todestages Heinrich von Kleists 1911 den Namen Kleistpark.
An der Westseite wurde von 1909–13 das **Kammergericht** erbaut, es ist seit 1945 Sitz des alliierten Kontrollrats. 1972 wurde hier das Viermächte-Abkommen unterzeichnet.

Königskolonnaden, am Kleistpark.
1777–80 von Carl von Gontard für die ehemalige Königsbrücke am Alexanderplatz errichtet, um 1910 am Hauptzugang des Kleistparks an der Potsdamer Straße aufgestellt, als Bezugspunkte des gerade entstehenden Kammergerichts.

Mietswohnhaus Grunewald-/Ecke Akazienstraße.
Prachtbau von 1892 im Stil der Neu-Renaissance.
Architekten: Koebe und Weißmüller.

Paul-Gerhardt-Kirche, Hauptstraße 47–48, neben der Dorfkirche.
1961/62 von der Architektengemeinschaft Fehling/Gogel/Pfankuch erbaut.

Roxy-Palast, Hauptstraße 78/79.
1929 von Martin Punitzer erbaut. Früher war es ein Kino, heute finden hier Tanzveranstaltungen, Beat- und Jazzkonzerte statt.

Schöneberg.
Ehemaliges märkisches Dorf, heute Stadtbezirk mit den Ortsteilen Schöneberg und Friedenau. 1264 als „sconenberch" erstmals urkundlich erwähnt. 1375 heißt es „Schonenberge". 1506 erwarb Landesherr Joachim I. das Dorf. 1760 während des Siebenjährigen Krieges brannte es völlig ab, in den anschließenden Jahrzehnten aber gelangte Schöneberg durch Landverkäufe und die günstigen Absatzmöglichkeiten im nahen Berlin zu größerer Wohlhabenheit. 1898 erhielt es mit nun ca. 80 000 Einwohnern die Stadtrechte. 1920 wird es zusammen mit der Landgemeinde Friedenau Stadtbezirk von Groß-Berlin.

Schöneberger Rathaus, am John-F.-Kennedy-Platz.
1911–14 von Peter Jürgensen und Jürgen Bachmann erbaut. Neben der Bezirksverwaltung haben hier seit 1948 auch der Regierende Bürgermeister und das Abgeordnetenhaus ihren Sitz. In der 60 m langen **„Brandenburghalle"** finden offizielle Veranstaltungen und Empfänge statt, der ehemalige **„Bürgersaal"** ist heute Plenarsaal des Abgeordnetenhauses.
Die **„Freiheitsglocke"** im Turm ist ein Geschenk der Amerikaner, am 24. Oktober 1950 von General Clay den Berlinern überreicht. Seither läutet sie jeden Tag um 12.00 Uhr, am Heiligen Abend und in der Silvesternacht.

Franz Heinrich Schwechten, 1841–1924, Architekt.
Erbauer des Anhalter Bahnhofs und der Kaiser-Wilhelm-Gedächtniskirche.
Grab: Alter Friedhof an der Paul-Gerhardt-Kirche, Hauptstraße 47.

Siedlung Lindenhof, östlich vom Insulaner gelegen.
1918–21 von Martin Wagner erbaut. Ihre Reihenhäuser stehen um einen Weiher inmitten von Grünanlagen.

Ehemaliger **Sportpalast,** Potsdamer-/Ecke Pallasstraße.
1910 eröffnet, im Krieg zerstört, 1951 „als größte Kunsteisbahn der Welt" wiedereröffnet, Ende 1973 abgerissen. Hier fanden Reitturniere, Box- und Eishockeykämpfe, Eiskunstlaufwettbewerbe, ab 1911 auch die Sechstagerennen statt. Hier sang Richard Tauber und dirigierte Herbert von Karajan. Hier sprachen Thälmann, Hitler und Goebbels, der 1943 im Sportpalast den „totalen Krieg" ausrief.

Stadtbad Schöneberg, Hauptstraße 39.
1930 von Heinz Lassen erbaut. 1964/65 technische Erneuerung durch das Hochbauamt Schöneberg.

„Straßenbahner"-Siedlung, Ceciliengärten.
1922 ließ Stadtrat Heinrich Lassen die städtebaulich noch immer mustergültige Siedlung errichten.

U-Bahnhof Wittenbergplatz.
1910–13 von Alfred Grenander im neoklassizistischen Stil erbaut.

Ehemaliges **„Walterchens Ballhaus",** Bülowstraße/Dennewitzplatz.
Traditionsreicher Ort des Berliner Vergnügungslebens. Heute steht nur noch das Vorderhaus, ein Bau von Hubert Stier.

Wohnhausanlage „Ceciliengärten".
1924–28 von den Architekten Heinrich Lassen sowie Paul Mebes und Paul Emmerich errichtet.

Literatur

H. C. Artmann, 1921, Schriftsteller.
Wohnte von 1965–66 in der Kleiststraße 35, über dem „Kleist-Casino"; hier entstanden mehrere Gedichtzyklen sowie der Kurzroman „Dracula, Dracula; Ein transsylvanisches Abenteuer", der am 12. Juni 1966 in Konrad Jule Hammers „Theater und Galerie im Europa-Center" als „Tableau vivant" uraufgeführt wurde.

Gottfried Benn, 1886–1956, Lyriker.
Medizinstudium in Berlin, 1917 Niederlassung als Facharzt für Haut- und Geschlechtskrankheiten. Seine letzte Wohnung und Arztpraxis war in der Bozener Straße 20 (Gedenktafel).

Georg Büchmann, 1822–1884, Philologe.
Gab 1864 erstmals die seitdem immer wieder aufgelegten „Geflügelten Worte" heraus.
Er wohnte in der Bülowstraße 1 (im Krieg zerstört).
In der Hauptstraße 14–16 steht, kaum verändert, das Haus „maison de santé", in dem Büchmann starb.
Sein Grab: Friedhof der St.-Matthäi-Gemeinde, Großgörschenstraße 12–14.

Adalbert von Chamisso, 1781–1838, Lyriker und Erzähler.
Betreute von 1819–1838 als „Aufseher der Pflanzen" das Herbarium im alten botanischen Garten, der in der Zeit von 1679–1908 in Schöneberg an der Potsdamer Straße bestand, an der Stelle des heutigen Kleistparks.

Brüder Grimm, Jacob 1785–1863, **Wilhelm** 1786–1859.
Gräber: St.-Matthäi-Friedhof, Großgörschenstraße 12–14.

Max Halbe, 1865–1944, Schriftsteller.
Lebte von 1888–94 in Friedenau, Handjerystraße 86, und schrieb hier sein erfolgreichstes Drama „Jugend"

Georg Hermann, 1871–1943, Erzähler, Dramatiker.
Lebte von 1901–06 im Hause Bundesallee 108, wo er seinen Roman „Jettchen Gebert" schrieb.
Ein Gedenkstein steht im Georg-Hermann-Garten, Stubenrauchstraße 6.

Arno Holz, 1863–1929, Lyriker und Dramatiker.
Seit 1875 in Berlin; wohnte von 1910–29 in der Stübbenstraße 5 (Gedenktafel), wo er den „Phantasus" schrieb.

Else Lasker-Schüler, 1869–1945, expressionistische Lyrikerin.
Wohnte in den frühen 20er Jahren, angeblich „postlagernd", in der Pension Koschel (heute Hotel „Sachsenhof") in der Motzstraße 78 (Gedenktafel).

Kurt Pinthus, 1886–1975, Schriftsteller, Kritiker.
Herausgeber der expressionistischen Anthologie „Menschheitsdämmerung"; wohnte in der Heilbronner Straße 2.

Nelly Sachs, 1891–1970, Lyrikerin.
Geburtshaus mit Gedenktafel in der Maaßenstraße 12 (früher Nr. 15).

Heinrich von Treitschke, 1834–1896, Geschichtsschreiber und politischer Schriftsteller.
Grab: Friedhof der St.-Matthäi-Gemeinde, Großgörschenstraße 12–14.

Paul Zech, 1881–1947, Lyriker, Dramatiker, Erzähler.
Lebte ab 1910 zumeist in Berlin, u. a. als Redakteur, Industriebeamter und Bibliothekar. Herausgeber der Zeitschrift „Das neue Pathos".
Wohnte in der Naumannstraße 78.

Carl Zuckmayer, 1896–1977, Dramatiker.
Von 1926–33 wohnte er im Haus (jetzt Neubau) Fritz-Elsas-Straße 18 (früher „Am Park" 18) und schrieb hier u. a. den „Schinderhannes", „Katharina Knie", den „Hauptmann von Köpenick".

Bildende Kunst

Hans Baluschek, 1870–1935, Maler, Meister der Berliner Sezession.
Schilderte als Maler und Zeichner besonders die Berliner Vorstadt.
Er hatte sein Atelier in der „Straßenbahner-Siedlung", im Torhaus an der Semperstraße.

Reinhold Begas, 1831–1911, Bildhauer.
Grab: Alter Friedhof der Zwölf-Apostel-Gemeinde, Kolonnenstraße 24/25.

Hirschbrunnen, im Rudolph-Wilde-Park am Schöneberger Rathaus.
Den goldenen Hirschen, das Wappentier Schönebergs, schuf der Tierbildhauer August Gaul, die zwei Bronzestatuen („Morgen" und „Abend") der Bildhauer Georg Kolbe.

Walter Leistikow, 1865–1908, Maler.
Bekannt durch seine Berliner Landschaften; hatte Wohnung und Atelier im Hause Geisbergstraße 33.

Renée Sintenis, 1888–1965, Bildhauerin.
Letzte Wohnung: Innsbrucker Straße 23 a.
Am Renée-Sintenis-Platz in Friedenau steht eine „Tierplastik" von ihr.

Wilhelm Stier, 1799–1856, Architekt, Lehrer an der Bauakademie.
Grab: Alter Friedhof an der Paul-Gerhardt-Kirche, Hauptstraße 47.
Das Grabmal aus schlesischem Marmor wurde 1860 von August Stüler geschaffen.

Lesser Ury, 1861–1931, Maler, Mitglied der Berliner Sezession.
Ab ca. 1900 wohnte er bis zu seinem Tod im Haus Nollendorfplatz 1 (im Krieg zerstört). Gedenktafel an der „Nolle".

Musik

Ferrucio Busoni, 1866–1924, Pianist, Komponist.
Wohnte von 1908–15 und von 1920–24 am Viktoria-Luise-Platz 11 (Gedenktafel).
Sein Grab befindet sich auf dem 3. Städtischen Friedhof in der Stubenrauchstraße. Das Grabmal schuf Georg Kolbe 1925.

Max Bruch, 1838–1920, Musiker, Komponist.
Grab: St.-Matthäi-Friedhof, Großgörschenstraße 12–14.

Wilhelm Furtwängler, 1886–1954, Dirigent.
Geburtshaus Maaßenstraße 1 (jetzt Neubau).

Walter Kollo, 1878–1940, Operettenkomponist.
Komponierte die Schöneberger „Nationalhymne" „es war in Schöneberg . . ."; wohnte in der Schwäbischen Straße 26 (Gedenktafel).

Rias-Kammerchor, Kufsteiner Straße 69.
1948 gegründet, untersteht auch heute noch dem Rias.
Bevorzugt vorklassische A-capella-Kompositionen und experimentelle Avantgarde-Werke.

Wissenschaft

Albert Einstein, 1879–1955, Physiker.
Wohnte in der Nördlinger Straße 8 (Gedenktafel); hier entwickelte er die Relativitätstheorie (s. Plastik von L. Brockhaus im Rathaus Schöneberg).

Lette-Verein, Viktoria-Luise-Platz 6.
Die von W. A. Lette 1866 als „Verein zur Förderung der Erwerbsfähigkeit des weiblichen Geschlechts" gegründete Fachhochschule

umfaßt heute folgende staatlich anerkannte Lehreinrichtungen: die Technische Berufsfachschule, die Berufsfachschule für Fotografie, Grafik und Mode, die Hauswirtschaftliche Berufsfachschule, eine Lehranstalt für Technische Assistenten in der Medizin und eine für Pharmazeutisch-Technische Assistenten. Seit 1910 sind auch männliche Schüler zugelassen.

Georg Schweinfurth, 1836–1925, Naturwissenschaftler und Afrikaforscher.
Wohnte von 1888 bis zu seinem Tod in Schöneberg.

Rudolf Virchow, 1821–1902, Arzt.
Grab: St.-Matthäi-Friedhof, Großgörschenstraße 12–14.

Wirtschaftsakademie, Badensche Straße 50/51.

Sonstiges

August Bebel, 1840–1913, Begründer und Führer der Deutschen Sozialdemokratie.
Während der letzten zehn Jahre seines Lebens wohnte er im Haus Hauptstraße 97.

Berliner Post- und Fernmeldemuseum, Kleiststraße 13 im Urania-Haus.
Wurde 1956 im Postamt Berlin 15 eröffnet und 1966 in das zweite Obergeschoß der Urania verlegt.
Umfaßt die Ausstellungsgebiete Telegraphie, Post, Fernsprechwesen, Funk, Rundfunk, Fernsehen und Postwertzeichen von ihren Anfängen bis zur heutigen Zeit.

Berliner Verkehrsmuseum, Kleiststraße 13, im Urania-Haus.
Anfang der 60er Jahre neu gegründet, da das alte ehemalige Verkehrs- und Baumuseum in der Invalidenstraße mit seinen größtenteils erhaltenen Sammlungen unter der Verwaltung der Ostberliner Reichsbahn steht und somit nicht zugänglich ist.
Es zeigt im dritten Stock der Urania die Entwicklung des gesamten Verkehrs zu Lande, zu Wasser, in der Luft und im Weltall. Bis zum Neubau des Museums, der in der Nähe der Ausstellungshallen am Funkturm geplant ist, können allerdings alle großen Objekte wie Lokomotiven und Flugzeuge aus Platzmangel hier nicht gezeigt werden.

Karl Bolle, 1832–1910, Kommerzienrat, Begründer der Bolleschen Meierei.
Grab: St.-Matthäi-Friedhof, Großgörschenstraße 12–14.

Marlene Dietrich, 1904, Filmschauspielerin.
Geburtshaus: Leberstraße 65 (früher Sedanstraße 53) auf der „Insel" in Schöneberg.

Hermann Ehlers, 1904–1954, Oberkirchenrat, Präsident des Deutschen Bundestages 1950–54.
Geburtshaus in der Gotenstraße 6 (Gedenktafel) auf der „Insel" in Schöneberg.

Filmkunstkino „Arsenal", Welserstraße 25.
Kino der **Freunde der Deutschen Kinemathek e. V.**
Hier wurden auch die Diskussionen geführt, die schließlich zur Gründung **„Forum Junger Film",** heute Bestandteil der Berliner Filmfestspiele, geführt haben.

Filmkunstkino „Notausgang", Vorbergstraße 1.
Retrospektiven, Uraufführungen nicht-kommerzieller Filme.

Flohmarkt, auf dem ehemaligen Hochbahnhof am Nollendorfplatz. Jeden ersten Donnerstag im Monat um 13.00 Uhr findet hier in der Auktion-Kneipe eine Versteigerung statt.

Heimatmuseum Schöneberg, an der Südseite des Kleistparks – im ehemaligen Botanischen Museum, das 1880 erbaut wurde. Die neben dem Spandauer Museum wohl eindrucksvollste Sammlung aus der Geschichte einer über 1000 Jahre alten Siedlung.

Theodor Heuss, 1884–1963, Politiker.
Arbeitete von 1905–12 in der Naumannstraße 24 bei Friedrich Naumann in der Redaktion der Zeitschrift „Die Hilfe". War von 1919–29 Stadt- und Bezirksverordneter von Schöneberg und wohnte während dieser Zeit in der Fregestraße 80 (Gedenktafel).

„Insulaner", am Munsterdamm.
1946–51 aus Trümmerschutt des II. Weltkrieges dreißig Meter hoch aufgeschütteter Höhenzug, der als Park bepflanzt ist. Seinen Namen erhielt er nach den während der Berlin-Blockade 1948/49 ebenso genannten Westberlinern, die in dieser Zeit wie auf einer Insel lebten und über die „Luftbrücke" versorgt wurden.

Kriminalmuseum, Gothaer Straße 19.
Fachmuseum der Berliner Kriminalpolizei. Historische Ausstellungsstücke (Uniform des „Hauptmann von Köpenick") und Information.
Mittwoch 14–15 Uhr nach telefonischer Anmeldung (Tel.: 78 10 71, App.: 14 47).

Lucie Leydicke, Mansteinstraße.
Renommierte Altberliner Kneipe.

Franz Joseph Freiherr v. Lipperheide, 1838–1906, Verlagsbuchhändler, Stifter der nach ihm benannten Kostümbibliothek.
Grab: St.-Matthäi-Friedhof, Großgörschenstraße 12–14.

Mendlers „Abmelkerei", Steinmetzstraße.
Die letzte Viehhaltung in der Innenstadt. Täglicher Verkauf von mehreren hundert Litern „Milch vom Hinterhof".

Friedrich Naumann, 1860–1919, Pfarrer, Sozialpolitiker.
Wohnte und redigierte in der Naumannstraße 24 (Gedenktafel) zusammen mit Theodor Heuss die Zeitschrift „Die Hilfe".
Grab: Alter Friedhof der Zwölf-Apostel-Gemeinde, Kolonnenstraße 24/25.

Planetarium, Munsterdamm 90, am Fuß des Insulaners.
1965 nach Plänen von Carl Bassen erbaut. Täglich geöffnet (außer Montag) 20.00 Uhr. Hier werden Vorträge und Demonstrationen am simulierten Himmel veranstaltet, wogegen das Publikum in der benachbarten Sternwarte den natürlichen Himmel beobachten kann.

RIAS, Kufsteiner Straße 69.
Rundfunk **I**m **A**merikanischen **S**ektor, der 1946 von der amerikanischen Besatzungsmacht als deutschsprachiger Sender gegründet wurde.

St.-Matthäi-Friedhof, Großgörschenstraße 12–14.
1856 angelegt; gehörte zum alten „Geheimratsviertel" und weist zahlreiche Grabstätten hoher Beamter, Gelehrter und Künstler auf.

Rudolf Steiner, 1861–1925, Begründer der Anthroposophie.
Gedenktafel am Wohnhaus Motzstraße 30.

Ehemaliges **„Theater am Nollendorfplatz".**
1906 als Neues Schauspielhaus eröffnet, später durch die hier von 1927–31 spielende avantgardistische **„Piscator-Bühne"** (als Einstand wurde die Politrevue „Hoppla, wir leben" von Ernst Toller gespielt) bekannt geworden. Heute wird es als Kino genutzt (Metropol-Filmtheater).

Die „Urania", Kleiststraße 13.
Eine durch Werner von Siemens 1888 gegründete populärwissenschaftliche Kulturgemeinschaft. Sie bietet ein vielseitiges Vortragsprogramm für Gäste und ihre mehr als 8000 Mitglieder.

Wilhelm-Foerster-Sternwarte, auf dem Insulaner (Munsterdamm). 1962 von Carl Bassen erbaut. Für Publikum Di., Do., Fr. u. So. ab 20.00 Uhr geöffnet. In Verbindung dazu das Planetarium am Fuß des Insulaners, wo Vorträge und Demonstrationen am simulierten Himmel veranstaltet werden.

5 Tempelhof

mit den Ortsteilen Tempelhof, Mariendorf, Marienfelde und Lichtenrade

Ein Blick nach Süden von dem neuen **Mariendorfer Tribünenhaus,** und das Ohr in den Wind gehängt! Seit langer Zeit sah man nicht mehr so strahlende Gesichter beim Trabrennverein! Die Lautsprecherstimmen, weithin hörbar. Gut besetzte Tribünen, und ein unerwartet hoher Totalisator-Umsatz von 563 648 Mark. Drei Galopprennen, die unter dem Motto ‚Kriterium der Schnellsten' vom ehemaligen Galopprennpferd Opernball gewonnen werden. Ein imponierendes Comeback des siebenjährigen Hengstes Arkander im Preis vom ‚Tag der offenen Tür'. Er gewinnt vor dem Derbyzweiten Bols und dem Importfranzosen Fleurus. Der Grundeinsatz der Wette ist 2 Mark 50 und höher. Wer lief noch alles? Edesso, Jimbo und Toto, Smoker und Zagina, — Blaugraf, Taube, Zubula, — Fanny Pride, Harlekin, Comacho, — Nashira, Volvo und Holomädel.

Hinter dem Trabrennbahn-Oval, in Siedlungshäuser eingezwängt, siehst du den altmodischen Kegel einer Windmühle mit gestutzten Flügeln, die Adlermühle. Sie ist jetzt Freizeitheim eines Sportclubs. Die Adlermühle ist eine der drei übriggebliebenen Windmühlen hier im Süden Berlins, — Britzer Mühle und Jungfernmühle sind die beiden anderen. Pferde, Mühlen, — Donquichoteskes zwischen den Ausfallstraßen.

Stichwort *Adler,* — der über dem Tor dieser Mühle vergoldet hängt. — Stichworte Adler und Bär in Berlin. Um 1250 zeigt das älteste bekannte Stadtsiegel Berlins den roten Adler der Markgrafen von Brandenburg aus dem Hause der Askanier. Nicht lange, dann kam der Bär: 1280 erscheint er erstmalig neben dem Adler im Berliner Stadtsiegel. — Die Schwesterstadt Cölln, 1237 urkundlich erwähnt, führte bis 1709 allein den Adler in Siegel und Wappen, und das taten auch die unter dem Großen Kurfürsten und Friedrich III. gegründeten Städte Friedrichwerder, Dorotheenstadt und Friedrichstadt. 1709 kamen alle diese Adler mit dem Bären zusammen: König Friedrich I. vereinigte die fünf Städte zur Königlichen Residenzstadt Berlin und verlieh ihr Wappen und Siegel mit dem roten brandenburgischen Adler, dem schwarzen preußischen Adler und dem Bären. — Damals allerdings war Tempelhof noch ein Dorf, abseits von Berlin. (Seit 1883 erscheint auf dem *kleinen* Berliner Wappen der Bär allein, seit 1920, seit dem Jahr der Bildung der Stadtgemeinde Berlin, ist er das alleinige Wappentier Berlins.)

Bezirk Tempelhof, — wenn du um dich blickst, und wenn du dann vergleichst, was im Jahr 1861 der ‚Führer durch die Stadt Berlin und seine Umgebungen' von Tempelhof geschrieben hat, dann klingt das heute ziemlich unglaublich: „Tempelhof oder Templow, eine halbe Meile südlich von Berlin. Dies

Dorf war früher Eigenthum der Tempelherren, und kam darauf an die Johanniter. Es enthält eine schöne Lindenallee und mehrere herrschaftliche Gärten. Sehr besucht ist das Wirtshaus bei Kreideweiß. Die Kirche ist malerisch gelegen." — Und dazu ein Stich: hinter großen Bäumen und einem rundbogigen Tor eine idyllische Dorfkirche, schiefe Kirchhofkreuze, Kinder und eine Ziege auf dem Dorfanger.

Die Dorfkirche von Tempelhof ist noch aufzufinden, in dem typischen Gegeneinander von Autokulturlandschaft und Fußgängerreservaten, von Industriegebiet und historischen Dorfkernen, — die Kirche geht auf die Jahre vor 1250 zurück. Ein ähnliches verblüffendes Aufeinanderprallen findest du in den Ortsteilen Marienfelde, dessen Dorfkirche aus dem Jahr 1220 das älteste Berliner Bauwerk ist, in Lichtenrade und, siehe oben, in Mariendorf.

An einzelnen, wenige Quadratmeter großen Flecken, zumeist nahe an den Dorfkirchen, kann man noch den Anhauch früherer Dorfgemeinschaften und dörflicher Ausflugsorte aufspüren, — so wie sie Fontane gezeichnet hat, z. B. in ‚Schach von Wuthenow' den Kutschenausflug zur napoleonischen Zeit von Berlin zum Dorf Tempelhof: „Sie bogen in die große, mit alten Linden bepflanzte Dorfgasse von Tempelhof ein. Gleich das zweite Haus war ein Gasthaus ... Der schöne Tag hatte viele Gäste hinausgelockt, und der von einem Staketenzaun eingefaßte Vorplatz war denn auch an allen seinen Tischen besetzt. Das gab eine kleine Verlegenheit. Als man eben schlüssig geworden war, in dem Hintergarten, unter einem halboffenen Kegelbahnhäuschen, den Kaffee zu nehmen, ward einer der Ecktische frei, so daß man in Front des Hauses, mit dem Blick auf die Dorfstraße, verbleiben konnte. Das geschah denn auch, und es traf sich, daß es der hübscheste Tisch war. Aus seiner Mitte wuchs ein Ahorn auf, und wenn es auch, ein paar Spitzen abgerechnet, ihm vorläufig noch an allem Laubschmucke fehlte, so saßen doch schon die Vögel in seinen Zweigen und zwitscherten. Und nicht *das* bloß sah man: Equipagen hielten in der Mitte der Dorfstraße, die Stadtkutscher plauderten, und Bauern und Knechte, die mit Pflug und Egge vom Felde hereinkamen, zogen an der Wagenreihe vorüber. Zuletzt kam eine Herde, die der Schäferspitz von rechts und links her zusammenhielt, und dazwischen hörte man die Betglocke, die läutete. Denn es war eben die sechste Stunde." Die Ausflügler machen einen Abendspaziergang zur Dorfkirche: „Überall aus dem braunen Acker stiegen Lerchen auf, die hier, noch ehe die Saat heraus war, schon ihr Furchennest gebaut hatten, ganz zuletzt aber kam ein Stück brachliegendes Feld, das bis an die Kirchhofsmauer lief und, außer einer spärlichen Grasnarbe, nichts aufwies als einen trichterförmigen Tümpel, in dem ein Unkenpaar musizierte, während der Rand des Tümpels in hohen Binsen stand ... Nirgends zeigte sich ein Blatt, und nur unmittelbar neben der Kirche war eine schattig-feuchte Stelle wie mit Veilchen überdeckt. Victoire bückte sich, um hastig davon zu pflücken ..." — Die trichterförmigen Binsen-Tümpel, die Veilchenstellen, — wer zur rechten Zeit, und mit etwas Zeit, die Berliner ‚Dörfer' heute aufsucht, wird auf solche Flecken immer noch treffen, sei es nun hier, in Buckow, in Rudow oder anderswo. Auch vergleichbare Wirtsgärten gibt es, noch.

Was zog nicht alles in diese Dorfgemarkungen! Das Tempelhofer Feld war zunächst ein Truppenübungs- und Paradeplatz, den Bauern abgemietet, und dann wurde es der vorübergehend modernste Flughafen Europas, ‚die Drehscheibe des europäischen Luftverkehrs'. Selbst sehr große Flugzeuge konnten bis an die überdachte Einsteigrampe rollen, sodaß eine schnelle Abfertigung möglich war, — ein Vorläuferstadium zu den Direktverbindungen zu einzelnen Maschinen durch bewegliche Gangways, wie sie jetzt in Tegel den Besucherstrom einschleusen. Während der elfmonatigen Blockade West-Berlins 1948/49 wurde der Flughafen Tempelhof der Hauptbrückenpfeiler der ‚Luftbrücke', durch die Berlin, bis zum New Yorker Jessup-Malik-Abkommen, vom Westen her versorgt wurde. Jetzt ist das Tempelhofer Feld amerikanischer Militärflughafen und Aushilfslandeplatz, — wie rasch wechselten die Szenerien!

Eine Anwohnerin, die hier am Tempelhofer Feld aufgewachsen ist, erinnert sich in ihren Tagebuchnotizen: „Alljährlich fanden bis zum ersten Weltkrieg im Mai die Kaiserparaden statt... In der Nähe des Steuerhäuschens an der Belle-Alliance-Straße, jetzt Mehringdamm, lag der ‚Kaiserstein', ein schwellenförmiger Granitblock. Kaiser Wilhelm I., der im Alter bis dorthin mit der Kutsche fuhr, soll ihn beim Besteigen seines Pferdes benutzt haben. Selbst in unsere stille Straße (die Lilienthalstraße) drang mit Musik und farbenprächtigen Uniformen ein Abglanz der Ereignisse, denn einige Regimenter wählten sie als An- und Abmarschweg ... Außer als Übungs- und Paradegelände diente das Tempelhofer Feld, von der Jugend ‚Tempscher' genannt, im Sommer als allgemein beliebte Erholungsstätte. Vor allem an Sonntagen lagerten hier die Bürger mit Kind und Kegel im harten Gras oder auf Plaids und Decken. Man sonnte sich in Hemdärmeln, spielte Skat oder tollte herum. Bier, Salzstangen und Luftballons wurden von fliegenden Händlern angeboten. Am Montag früh mußte dann eine Kompanie Soldaten das Stullenpapier, die Flaschen und sonstigen Überbleibsel vom Feld absammeln. Schon damals waren die Berliner nicht sehr umweltbewußt. Im Rathaus von Tempelhof hing früher ein Gemälde von Baluschek, auf dem diese kleinbürgerliche Idylle ihren Niederschlag gefunden hatte."

Diese Anwohnerin berichtet auch, daß auf dem Tempelhofer Feld damals für die erste motorisierte Flugmaschine der Gebrüder Wright eine provisorische Halle aufgestellt worden sei. „Als der eine der Brüder sich infolge eines Aufenhalts bei der Zollabfertigung verspätete, und die wartende Menge etwas sehen wollte, durfte der ‚Drachen-Müller', wie der Bruder meiner Freundin auch genannt wurde, sein selbstgebasteltes Modell des Wright-Flugzeuges einstweilen vor dem Schuppen zur Schau stellen." — Blättert man nach, so findet man im ‚Berliner Lokal-Anzeiger' vom Sonntag, dem 5. September 1909 einen ausführlichen Bericht: ‚Die Premiere der Berliner Wrightflüge': „Orville Wright, der bekanntlich auf Veranlassung des *Berliner Lokal-Anzeigers* auf dem Tempelhofer Felde dem Berliner Publikum eine Serie von Flugvorführungen darbieten wird, hat gestern vor einer nach vielen Tausenden zählenden

Menge mit seinem Drachenflieger einen länger als *neunzehn Minuten dauernden Flug* ausgeführt, der durchaus glücklich verlief und mit einer glatten und eleganten Landung seinen Abschluß fand ... Orville Wright bleibt allein am Apparat und reguliert noch einmal die Vergasung. Der Motor knattert, und die Schrauben wirbeln durch die Luft. In größter Ruhe beobachtet Wright den Lauf der Maschine, wechselt einige Worte mit dem Ingenieur und stellt dann die Zündung des Motors ab. Er ist von der Funktion der Maschine befriedigt. — Nun wird das Fallgewicht hochgezogen. Ein kurzes Kommando, und das schwere Gewicht ist fixiert. Nochmals werden die Seile überprüft, Wright nimmt Platz auf seinem Fahrzeug und läßt den Motor anwerfen. Rasch noch einen kurzen Blick über die Maschine, und Wright gibt das Zeichen zum Start. Dumpf fällt das Fallgewicht zur Erde. Wie aus der Pistole geschossen saust der große, weiße Vogel über die Startschiene, ein kurzer Ruck am Höhensteuer, und schon steigt der Apparat rasch in die Luft ..."

Hier in Tempelhof gab es das Neueste an technischer Entwicklung in den sich überstürzenden Erfindungen der ersten Jahrzehnte dieses Jahrhunderts. Sogar das Gaswerk Mariendorf legt Zeugnis dafür ab, wie früh in Berlin solche Techniken eingeführt, und wie rasch sie verändert wurden. Berlin — die entwicklungsfiebrige Reichshauptstadt. Die Ufa-Studios an der Oberlandstraße: hier saß eine weltberühmte und einflußreiche Traumfabrik bis in die vierziger Jahre hinein, die Stummfilmzeit wurde abgelöst von der Tonfilmzeit, die Kinos füllten sich mehr als die Kirchen, Otto Gebühr vermittelte einen bazillenreichen Friedrich den Großen, und hier begann auch noch die Farbfilm-Ära.

Als Berlin 1945 von den Russen eingenommen wurde, produzierte man in den Ufa-Studios in Tempelhof gerade den Film ‚Sag die Wahrheit'. Es war ein Lustspielfilm. Hans Brausewetter, der Hauptdarsteller, war von einem Granatsplitter getötet worden. Heinz Rühmann, der die Regie führte, wurde zunächst einmal ‚einbehalten'. — Jetzt brütet das Zweite Deutsche Fernsehen in den ehemaligen Ufa-Studios.

Zwei Jahrzehnte waren es dann die Berliner gewohnt, in Tempelhof abzufliegen und einzuschweben, mit englischen, amerikanischen und französischen Passagiermaschinen, nicht mit deutschen, — von oben her die Fabriken, sei es die von Rasierklingen, Rotbart, oder von Drahtzäunen, Lerm und Ludewig, einzusehen, die Hinterhöfe, die Quartiere der Laubenpieper, um schließlich im Tiefflug über den Filmstudiodächern oder über den langgereihten Blumenhügeln der großen Friedhöfe ‚aus der Ferne' heimzukehren.

Selbst die Friedhöfe spiegeln etwas von dem raschen Wechsel der Zeiten wider: — neben den mehr dörflichen liegen die fast unüberblickbaren der großen Stadt, — ja so spezielle grenzen ans Tempelhofer Feld wie der Garnisonsfriedhof, der Mohammedanerfriedhof, — die allerdings liegen schon auf Neuköllner Gebiet.

DEUTSCHES TRABER-DERBY 1975
14.9. 1975
1210
2420

5

Tempelhof

Architektur und Städtebau

Dorfkirche Lichtenrade, Alt-Lichtenrade.
Eine schlichte Feldsteinkirche aus dem 14. Jahrhundert. Zusammen mit den umliegenden Bauernhäusern, dem Dorfkrug, dem Weiher, bietet sie das kaum veränderte Bild des früheren Dorfzentrums von Lichtenrade, das 1975 seine 600-Jahrfeier beging.

Dorfkirche Mariendorf, Mariendorfer Damm/Ecke Alt-Mariendorf.
Ein Feldsteinbau aus dem ersten Drittel des 13. Jahrhunderts mit einem Westturm in der Breite des Kirchenschiffs. Die Kupferhaube auf dem hölzernen Aufsatz des Turms stammt aus dem Jahr 1737. Um die Kirche herum ein Friedhof mit Gräbern alter Mariendorfer Familien.

Dorfkirche Marienfelde, Alt-Marienfelde.
Um 1220 als spätromanischer Granitquaderbau entstanden und somit das älteste Berliner Bauwerk. Auf dem Turm eine Wetterfahne mit der Jahreszahl 1595, ebenfalls die älteste ihrer Art.

Dorfkirche Tempelhof, ehemalige Templerkirche **St. Katharina,** Reinhardtplatz.
Mitte des 13. Jahrhunderts entstanden, im II. Weltkrieg schwer beschädigt, 1954–56 in altem Stil wieder aufgebaut. Steht unter Denkmalschutz. Der Flügelaltar ist eine Kopie des von Lucas Cranach dem Älteren für Torgau geschaffenen Katharinenaltars.

Druckhaus Tempelhof, Mariendorfer Damm 1.
Ehemaliges **„Ullsteinhaus",** 1926/27 von Eugen Schmohl für den Ullstein-Verlag erbaut. An der Außenfront Verzierungen und Figuren, darunter das Verlagssymbol, die „Ullsteineule" von Fritz Klimsch. Das 1934 von den Nationalsozialisten enteignete Verlagsunternehmen wurde 1952 der Familie zurückgegeben, die wenige Jahre später den Verlag und das Druckhaus verkaufte. Heute arbeiten hier Betriebe der Druck- und Textilbranche.

Gaswerk Mariendorf, Ringstraße 26.
Eines der ältesten Gaswerke, 1900–01 von der englischen Gesellschaft ECGA (Empire Continental Gas Association) erbaut. Die erste Erweiterung fand 1952–56, der zweite moderne Ausbau 1966–71 statt.

Ehemaliges **„Kiepertsches Gutshaus",** Alt-Marienfelde 21.
1844 übernahm Gutsbesitzer Adolf Kiepert, der später zusammen mit seinem Freund, dem Ingenieur und Romancier Max Eyth die „Deutsche Landwirtschaftsgesellschaft" gründete, das Gut und baute es zu einer Musterwirtschaft aus. Ab 1929 wurde es bis in die 70er Jahre als letztes Westberliner Stadtgut von der Stadt Berlin betrieben. Heute arbeitet in dem 1850 im spätklassizistischen Stil erbauten Gutshaus, das unter Denkmalschutz steht, ein Institut für Veterinärmedizin.

Lichtenrade.
Ehemaliges Dorf, heute Ortsteil von Tempelhof. 1375 erstmals urkundlich genannt. 1515 erwarb das Domstift des Berliner Doms zwei Drittel der Ländereien des Dorfs Lichtenrade. 1920 wurde die Landgemeinde Lichtenrade zusammen mit Tempelhof, Mariendorf und Marienfelde Groß-Berlin eingemeindet.

Mariendorf.
Ehemaliges Dorf, heute Ortsteil von Tempelhof.
Mehr als 700 Jahre alte Templersiedlung, 1372 erstmals urkundlich erwähnt. 1435 verkaufte der Johanniterorden das Dorf an die Städte Berlin und Cölln.
Im 18. Jahrhundert wird es von Berliner Bürgern, Kaufleuten, Beamten und Offizieren besiedelt, die hier ihr Kapital anlegen und sich einen Landsitz schaffen. Heute zeugt noch der weiträumige ehemalige Dorfanger mit seiner langen Reihe alter hoher Bäume und den noch erhaltenen alten Bauernhäusern mit Stuckfassaden aus dem vorigen Jahrhundert von der dörflichen Vergangenheit.

Marienfelde.
Ehemaliges Dorf, heute Ortsteil von Tempelhof. 1344 erstmals urkundlich erwähnt, eine Siedlung des geistlichen Ritterordens der Tempelherren, deren Besitz nach seiner Auflösung im Jahr 1312 an die Johanniter fiel. Diese verkauften 1435 Marienfelde an die Städte Berlin und Cölln.
1920 wurde die Landgemeinde Marienfelde Ortsteil des in Groß-Berlin als Stadtbezirk eingemeindeten Tempelhof.

„Neue Straße“, in Alt-Tempelhof.
1873 angelegt und mit Häusern im spätklassizistischen Stil bebaut; hat ihr Aussehen bis heute kaum verändert. Die meisten Häuser stehen unter Denkmalschutz.

Tempelhof.
Ehemaliges Dorf, heute Stadtbezirk mit den Ortsteilen Tempelhof, Mariendorf, Marienfelde und Lichtenrade. Zusammen mit den Dörfern Mariendorf und Marienfelde eine Gründung des geistlichen Ritterordens der Tempelherren, die 1247 erstmals urkundlich erwähnt ist. 1290 wird der Ort als „Tempelhoffe“ und „Tempelhove“ erwähnt. 1435 verkaufte der Johanniterorden, an den der Besitz des Templerordens nach dessen Auflösung im Jahr 1213 gefallen war, die Dörfer Tempelhof, Mariendorf und Marienfelde an die Städte Berlin und Cölln.
Ab 1875 beginnen in Tempelhof die ersten Ansiedlungen von Industrie, nachdem das Gebiet durch die Ringbahn und durch die Eisenbahn verkehrsmäßig erschlossen war. Heute ist Tempelhof zu einem der größten Industriegebiete Berlins herangewachsen, in dem sich mehr als 50 Wirtschafts- und Industriebetriebe niedergelassen haben.

„Tempio Hermione“, Prinzessinnenstraße 14.
Eine im neuklassizistischen Stil erbaute Villa mit Säulenvorbau, die 1908 von der exzentrischen Malerpoetin Hermione Preuschen erworben wurde, und Treffpunkt der Künstler und auch der Hofgesellschaft des kaiserlichen Berlin war.

Ehemaliger **Zentralflughafen Berlin-Tempelhof,** Platz der Luftbrücke.
1936–39 von Ernst Sagebiel erbaut. Hervorzuheben ist die Eisenkonstruktion des fast 1,2 km langen, als Viertelkreis angelegten und überdachten Flugsteigs.
Seit 1975 wird der zivile Flugverkehr im neuen Flughafen Tegel abgewickelt. Tempelhof dient heute als Ausweich-Landeflughafen.

Literatur

Paul Fechter, 1880–1958, Schriftsteller.
Publizist und Kritiker der 20er und 30er Jahre. Lebte ab 1911 in Berlin, von 1921 bis zu seinem Tod am Franziusweg in Lichtenrade.
Grab: Friedhof Lichtenrade, Paplitzer Straße.

Peter Hille, 1854–1904, Lyriker, Erzähler und Dramatiker.
Lebte ab 1891 in Berlin, war schon zu Lebzeiten als „Literaturbohemien“ eine legendäre Gestalt. Seine Texte schrieb er auf Zeitungsränder, Packpapier, Quittungen.
Sein Grab liegt auf dem Friedhof der St.-Matthias-Gemeinde, Röblingstraße.

Bildende Kunst

Galerie im Rathaus Tempelhof, Tempelhofer Damm 165–169.
Kunstausstellungen des Kunstamts Tempelhof.

Luftbrückendenkmal, am Platz der Luftbrücke.
1951 von Eduard Ludwig geschaffen. Die drei nach Westen geneigten Betonrippen symbolisieren die drei Luftkorridore. Das Denkmal ist zugleich eine Gedenkstätte für die Opfer der Luftbrücke.

Musik

Haydn-Kammerorchester, Göllweg 17.
Kammerkonzerte mit Barockmusik, die gewöhnlich in den entlegeneren Bezirken Berlins veranstaltet werden, um den außerhalb des Zentrums wohnenden Berlinern die Chance zu bieten, gute Musik zu hören.

Sonstiges

„Adlermühle“, in der Säntisstraße.
Die einzige noch erhaltene Mühle der ehemaligen Tempelhofer Dorfgemeinden. Nachdem im letzten Krieg Flügel und Windrad zerstört wurden, hat der Schwimmverein „Friesen“ die Mühle zu einem Klubheim ausgebaut.

Graf Georg von Arco, 1869–1940, Funktechniker und Erfinder.
War von 1903–30 technischer Direktor von Telefunken, wo er Forschungen auf den Gebieten der drahtlosen Telegraphie, der Hochfrequenz- und Funktechnik durchführte und u. a. die Hochfrequenzmaschine erfand. Wohnte ab 1911 bis zu seinem Tod in der Albrechtstraße 49 (Gedenktafel).

Berliner Studio des ZDF, Oberlandstraße.
Auf dem ehemaligen UFA-Gelände hat hier die **„Berliner Union Film“** (Berliner Zweigstelle des 2. Deutschen Fernsehens) ihre fest installierten Studios.

Heimatmuseum und Heimatarchiv Tempelhof, Alt-Mariendorf 43.
Untergebracht im aus dem Jahr 1873 stammenden ehemaligen Dorfschulhaus. Dokumente und Ausstellungsstücke aus dem Bezirk, darunter Ausgrabungsfunde, Wohnungseinrichtungen und Bilder zur Luftfahrtsgeschichte Tempelhofs u. a.

„Rosinenbomber“, am Columbiadamm.
Eins der (hier zur Erinnerung aufgestellten) vielen Flugzeuge, die während der Blockade 1948/49 Berlin aus der Luft versorgten. Alle 90 Sekunden landete und startete eins dieser von den Berlinern liebevoll „Rosinenbomber“ genannten Flugzeuge in Tempelhof, Tegel und Gatow.

Louise Schroeder, 1887–1957, Politikerin.
1920–33 sozialdemokratische Abgeordnete im Reichstag. Vertrat während der Berlin-Blockade 1948/49, als die Sowjetunion die Bestätigung Ernst Reuters als Oberbürgermeister ablehnte, als amtierende Oberbürgermeisterin die Berliner Interessen. Wohnte in den letzten 10 Jahren ihres Lebens in der Boelckestraße 121 (Gedenktafel).

Ernst von Stubenrauch, 1853–1909, Schöpfer des Teltowkanals.
Wurde 1885 Landrat des Kreises Teltow, war der Hauptförderer des Baus des Teltowkanals, und schuf zusammen mit den Kommunalpolitikern Kiepert und Mussehl die Grundlagen für Tempelhofs wirtschaftlichen Aufstieg.

Ehemaliges **Tempelhofer Feld.**
Von 1732–1918 war das Gelände, das 1836/37 vom preußischen Fiskus erworben wurde, Exerzier- und Paradefeld der preußischen Armee, Schauplatz der berühmten **„Kaiserparaden“.** 1883 Beginn der Entwicklung zum Fluggelände. Der Maler Arnold Böcklin ging hier als einer der ersten Flugpioniere an den Start. 1923 Beginn der deutschen Verkehrsfliegerei; 1924 wurde die Berliner Flughafen-Gesellschaft gegründet, 1926 die **„Deutsche Lufthansa“** mit Sitz in Berlin.
Tausende Berliner strömten im selben Jahr zum ersten „Großflugtag“ aufs Tempelhofer Feld und bejubelten in den folgenden Jahren die Ankunft der Ozeanflieger. 1934–39 entstand dann die endgültige Form des „Zentralflughafens“.
Das westliche Tempelhofer Feld hatte 1919 die Gemeinde Tempelhof „im größten Grunderwerbsgeschäft der Welt“ für 73 Millionen zurückgekauft. Hier steht heute die Gartenstadtsiedlung Neu-Tempelhof.

Trabrennbahn Mariendorf, Mariendorfer Damm 222.
1913 eröffnet. Architekt war August Endell (der Zielturm und die südliche Tribüne sind bis heute erhalten).
Das ganze Jahr hindurch finden Rennen statt; ein Anziehungspunkt für Freunde des Pferdesports und Wettinteressierte.

UFA-Gelände, Oberlandstraße.
Früher waren hier die Studios der UFA, heute werden sie als Film- und Fernsehstudios genützt; hier liegen auch die Studios der Berliner Zweigstelle des ZDF.

Berliner Kindl

6 Neukölln

mit den Ortsteilen Neukölln, Britz, Buckow und Rudow

Wie wärs mit einem Aufstieg auf die **Rixdorfer Höhe** im Volkspark Hasenheide? Wie wärs mit der **Lessinghöhe** in der Nähe vom Richardplatz und vom Körnerpark? Wollen wir Windmühlen-Hügel ausfindig machen in Britz und in Buckow?

Hast du einmal die **Hufeisensiedlung** richtig von oben zu überschauen versucht, — und bist du einmal in die oberste Etage von einem **Gropiusstadt-Hochhaus** geklettert?

Ist es eine Manie, alles was hügelig ist in Berlin, aufzustöbern?

Möglicherweise. Aber es kommt dir vieles vor Augen bei einer solchen Spring-Expedition durch Neukölln. Am Ende landest du am Rand von Rudow, in der südöstlichsten Ecke von West-Berlin, auf der **Rudower Höhe.**

Standort Rixdorfer Höhe: Die Hasenheide, früher Schießübungsplatz, Turngelände, Volksbelustigungs- und Versammlungsort, hat noch Anziehungskraft genug, für Junge, Mittelalterliche und Alte. Das Denkmal der Trümmerfrau steht dir hier am Trümmerberg gegenüber, — in der anderen Ecke des Volksparks steht, inmitten der Grußplaketten der Turnvereine aus Deutschland und der Welt, der Turnvater Jahn. Er hat hier geturnt. Ein Berliner Poet hat ihm ‚Turngedichte' nachgesungen: „Sitzwellend einst, dem Wellensittich gleich, so werden wir uns droben wiederfinden." So spottete Joachim Ringelnatz. — Standort Rixdorfer Höhe: Von dort siehst du nicht nur die Neuköllner und Tempelhofer Umgebung, — du siehst die Konturen von Berlin Mitte, drüben: den Fernsehturm Ost, den Kubus des Hotels Stadt Berlin und den des Märkischen Museums, den Deutschen Dom, den Französischen Dom. — Und unterhalb der Rixdorfer Höhe, am ehemaligen Garnisonsfriedhof, am Rand des Tempelhofer Flugfelds, liegt der Verehrer Lilienthals G. B. Fuchs begraben, unter großen Bäumen, in denen die Elstern schäkern und die Eichkatzen springen. — Nicht weit davon sind die großen Bierlokale und Festsäle der Hasenheide. „Den Hauptanziehungspunkt der Hasenheide", erzählt eine Anwohnerin, „bildete die ‚Neue Welt' mit Gartenkonzerten, Buden, Berg- und Talbahn, Karussell usw. Auf der beliebten Wasserrutschbahn sausten die Leute im kleinen Kahn auf den Teich hinab. Die Festsäle beherbergten im Lauf der Zeit Veranstaltungen mancherlei Art, wie Bälle, Ausstellungen, Vorträge und Wahlversammlungen. Höhepunkte waren die Bockbierfeste. Als Kinder studierten wir auf dem Schulweg die erregenden Plakate über die in Aussicht gestellten Herrlichkeiten, wie am Spieß zu bratende Ochsen, oder die kuriosen Prämierungen, etwa der dicksten Zöpfe oder der längsten Nasen. Während der Gastwirtsmesse schwebte neben dem Tor ein Ballon, der für die Britzer Knublinchen Reklame machte." — Die ‚Neue Welt' gibt es noch. Die Plakate verheißen, Sommer 77: Frauen boxen oben ohne. WELTSENSATION. Zarte Fäuste. Harte Schläge. Klatschende Brüste.

Lessinghöhe: Das ist ein schöner, langgezogener Parkhügel an den Rollbergen, die sich an die früheren Weinberge bis hin zum Kreuzberg anschließen, ihren Namen von den Rollfuhrwerken haben, und die heute zumeist nur als Straßensteigungen kenntlich sind. Das ist eiszeitliches Moränengelände, Spreetalrand. Lessinghöhe: Da sind wir im alten Rixdorf, mit seinen verhuschten Ecken um die Kirche herum, mit einem alten Kirchhof, und mit großen, bunten, bauerngartenähnlichen Friedhöfen an der Lessinghöhe, und oben auf der Höhe mit einer Kinderspiel-Kolonie. Wir sind im alten Rixdorf, das zwei Hälften hatte, Deutsch-Rixdorf und, östlich der Richardstraße, Böhmisch-Rixdorf, eine Siedlung böhmischer Flüchtlinge, mit einem böhmischen Schulzen. Rixdorf, das ‚Richardsdorp', gehörte erst dem Johanniterorden und später der Stadt Cölln, und erst 1912 wurde es in Neukölln umbenannt.

Der Richardsplatz war die alte Dorfaue, und hier gibt es jährlich rund um die Dorfschmiede den Alt-Rixdorfer Weihnachtsmarkt. ‚In Rixdorf spielt Musicke, Musicke, Musicke' zu dieser Zeit, und es gibt den Rixdorfer Shai, das ist eine besondere Art von heißem Punsch.

Du kommst von der Lessinghöhe in einen der schönsten Parks Berlins hinein, — hinunter, in den Körnerpark. Das war einmal eine Kiesgrube, deren Besitzer Körner hieß und der ein Parkliebhaber war. Jetzt ist es ein ‚Tiefpark' mit Orangerie und Brunnen und Schattenbänken mitten zwischen dem Gewühl und den sich gegenseitig überbietenden Warenparadiesen der Hermann- und der Karl-Marx-Straße. Er ist manchen versponnenen Winkeln von Prag und von Wien vergleichbar.

Die Windmühle in Britz: Man vermutet sie auf einem Hügel, aber es gibt hier nur Bodenwellen, und der Wind sauste hier einmal ungehindert von größeren Bebauungen über die Weiten. Heute weht er über Siedlungen, Friedhöfe und Kleingärten Alt-Britz zu, das am südlichen Rand des großstädtischen und industriellen Neukölln liegt: mit seiner dickköpfigen Dorfkirche und mit dem ehemaligen Gutshaus im Gutspark.

Nicht weit von Alt-Britz liegt die Hufeisensiedlung, der älteste Teil der Großsiedlung Britz, und der geglückteste. Die Straßennamen erinnern hier an den niederdeutschen Schriftsteller Fritz Reuter und an seine Figuren und Erfindungen: Onkel Bräsig, Dörchläuchting, Hüsung. Das Hufeisen liegt im dichten Grün von Obstbäumen, Gesträuch und Gärten. Es gehört zu den wenigen Beispielen, wo man mit Glück versucht hat, den Rechtecken und den Quadrierungen, den eintönigen Streckenhaftigkeiten des Wohnens und des Lebens ein Gegengift zu verordnen, ohne Ecken und Kanten, in der Vermutung, daß diese Art der Architektur dem einzelnen Gehirn *und* dem Ensemble der Bewohner mehr Luft und Lust ließe, als die Rechteck-Reglementierung.

Von der Hufeisensiedlung aus geht die Großsiedlung Britz mit ihren verschiedenen 20. Jahrhundert-Experimenten im Siedlungsbau Areal an Areal über in das jüngste Projekt, in die Gropiusstadt. Man kann in dieser Gegend gleichsam in einem Musterbuch der Urbanistik samt kombinierter Verhaltens- und Gesellschafts-Vorstellungen vom Homo sapiens lesen und sich dabei sein eigenes Urteil bilden. Die Gropiusstadt hat eine Konzeption, — von den zahlreichen Beiträgern und Interessenten wurde sie anscheinend des öfteren eingeengt. ‚Treffpunkte' für die Bewohner inmitten der Gebäudeblöcke haben sich nur schwer ‚organisieren' lassen, obwohl diese Stadt Grünflächen genug hat. Bezeichnend ist es, daß der beste Treffpunkt, in der Aufbauphase, die zufällig entstandene Rodelbahn war, — und das nur im Winter, versteht sich, — dieser Rodelhügel war in der halbfertigen Stadt mit seiner beachtlichen Rundung und provozierten Turbulenz so etwas wie ein segensreicher Stilbruch, — eine ‚Inkonsequenz' im Heineschen Sinn, die erst das Leben ausmacht, — ausmachen könnte, wenn sie, in ähnlich improvisierter Art, häufiger durchs Vorgegebene durchschlüge. Davon hat sich nur wenig halten können, — es waren schnell wieder zur Planungs-Ordnung zurückgerufene Ansätze.

Inmitten des Siedlungsgebiets entdeckst du vom Wolkenkratzer-Auslug aus die zweite Mühle in dieser Gegend, die Jungfern-Mühle, am Rand der Hochhäuser. Sie ist als ein Denkmal mit allem technischem Drum und Dran stehen geblieben, samt einem Postament: ‚Vier Generationen Müllermeister Wienecke 1969'.

Die Rudower Höhe: hier schaust du über die Grenzbarrieren ins Berlin des Bezirks Köpenick, in die Ortsteile Altglienicke, Bohnsdorf, Grünau und Müggelheim hinüber, bei schönem Wetter ahnst du drüben den Großen Müggelsee, und in dieser Richtung liegt auch Friedrichshagen, wo sich um 1900 eine Kolonie von Dichtern, Künstlern und Wissenschaftlern zusammenfand, Gerhart Hauptmann, Richard Dehmel, Wilhelm Bölsche, Walter Leistikow. — Nach Süden siehst du nicht mehr in Berlin-Bezirke, sondern in den Kreis Königs Wusterhausen. Es war ein guter Einfall, den Trümmerhügel in diese äußerste Ecke zu setzen, zwischen Wegrainen mit Winden und Wegwarten, am Eternit-Röhren-Stapelplatz, der einen alten Seerosen-Tümpel zum Nachbarn hat, — du stehst hier nicht mitten in Berlin, sondern mitten in der Mark Brandenburg. ‚Lokalisierst dich.' Bekommst Verbindung und Übersicht. Und kannst nachdenken, ungestört. Die greifbar nah vor dir liegenden Ortschaften trotz Mauer, Grenzstreifen, Tiefgraben und Stachelzaun, — und im Westen liegt Alt-Rudow mit der alten Prierosser Straße und der Dorfkirche. Dahinter die Gropiusstadt, — auch Getreidefelder. Eine Pappelallee am Fabrikgelände. Im Norden beginnt der Teltow-Kanal an der Wrede-Brücke sein ausgedehntes Wasserstraßendasein in West-Berlin, — — hier ist Neukölln zu Ende und die Hügel-Springpartie von Neukölln ebenfalls, und zwischen den Fixpunkten: Siedlungen, Fabriken, Geschäftsstraßen, Märkte, Demonstrationen, Einkaufszentren, Ausfallchausseen, Treffs für Rocker, Verkehr.

Mo-Fr
14-19h
Andenken
Souvenirs
TIMEX
PARKER

SCHUHHOF
SCHUHHOF
SCHUHHOF

TAXI
LOTTO
Sparkasse
Hier sind
4 Werbeflächen
zu
vermieten
Anfragen:
886 90 25
Hier sind
4 Werbeflächen
zu
vermieten
Anfragen:
886 90 25

Coca-Cola

Autobus
Tonhaus
Corso
jetzt
ANZENGRUBER
STR. 20
früher
Karl-Marx-
Straße
Ein Besuch
lohnt sich
GROSSAUSWAHL
IN
Farbfernseh-
Geräten
Hi-Fi
Tonbandgeräten

ERMANNSTRASSE
ZEITUNGEN
SCHNELL-IMBISS
ERFRISCHUNGEN
Das

Achtung!
Hier beginnt die
Sowjetzone

NUR GEMEINSAM SIND WIR STARK
NUR GEMEINSAM SIND WIR STARK

IM SOMMER UND IM
BÄRENPILS

Neukölln

Architektur und Städtebau

Bethlehemkirche, Richardplatz.
Ehemalige **Dorfkirche Rixdorf,** ein Feldsteinbau vom Anfang des 15. Jahrhunderts. Erhielt 1912 den Namen Bethlehemkirche.

Böhmisches Dorf.
Eine ehemalige Siedlung in Rixdorf östlich der Richardstraße von aus Böhmen vertriebenen Protestanten, denen Friedrich Wilhelm I. 1737 hier eine neue Heimat gab. Bis 1873 eine kommunalpolitisch selbständige Gemeinde.
Einige der alten Häuser sind noch erhalten, wie z. B. die 1835 erbaute, jetzt unter Denkmalschutz stehende, böhmische Schule (heute Betsaal der böhmisch reformierten Bethlehemgemeinde), das 1875 erbaute Haus des letzten böhmischen Schulzen, Richardstraße 87, sowie das altertümliche Doppelhaus Richardstraße 80.

Dorfkirche Britz, Alt-Britz.
Ende des 13. Jahrhunderts entstanden, 1888 äußerlich neu gestaltet. Im 1959 auf die alten Bauformen zurückgeführten Innenraum Berlins ältester Kanzelaltar (1720).
Benachbart ist der **Gutspark,** 1753 angelegt, mit dem **Gutshaus Britz,** 1706 erbaut, in den späten Gründerjahren, 1883, im Stil der französischen Renaissance umgebaut, seit 1920 im Besitz der Stadt Berlin. Ehemalige Gutsherren waren u. a. von 1719–28 Heinrich Rüdiger von Ilgen, Minister Friedrichs I., von 1735–1795 Ewald Friedrich Graf von Hertzberg, Minister unter Friedrich dem Großen, die Britz zu einem Mustergut entwickelten.

Dorfkirche Buckow, Alt-Buckow.
Mit dem für die Mark Brandenburg typischen breiten Westturm und Satteldach 1250 im gotischen Stil entstanden, um 1500 erweitert.
Zu erwähnen ist noch der vom Dorfanger Alt-Buckow ausgehende Wildmeisterdamm mit seinen schönen Alleebäumen, die heute unter Naturschutz stehen.

Dorfkirche Rudow, Köpenicker/Ecke Prierosser Straße.
Ursprünglich ein einfach-rechteckiger Feldsteinbau, Ende des 13. Jahrhunderts errichtet, der später mehrere Umbauten erfuhr. Nach schweren Bombenschäden im II. Weltkrieg 1954 wiederaufgebaut.

Gropiusstadt.
1962 erfolgte die Grundsteinlegung dieses neuen Stadtteils zwischen den alten märkischen Dörfern Buckow und Rudow. Die städtebauliche Konzeption entwarf der 1969 verstorbene Walter Gropius, die Einzelprojekte wurden von einer Vielzahl von Architekten gestaltet. Mit der Grünplanung der gesamten Siedlung wurde Walter Rossow beauftragt. Innerhalb von 10–12 Jahren Bautätigkeit sind die zahlreichen Bauabschnitte zu einem Stadtteil zusammengewachsen, in dem heute ca. 46 500 Menschen wohnen.

Großsiedlung Britz, Fritz-Reuter-Allee, Blaschkoallee, Parchimer Allee.
Der erste Bauabschnitt (Architekten Bruno Taut und Martin Wagner) entstand 1925–27 mit rund 1000 Wohnungen. Zwei- und

dreigeschossige Bebauung um den viergeschossigen Kern der Siedlung, der sich hufeisenförmig um eine Senke mit Teich ordnet. 1930/31 Erweiterung der Siedlung nach Süden von Bruno Taut, nach Osten von Bruno Schneidereit.
1954 Erweiterung der Hufeisensiedlung nach Süden auf dem Gelände des ehemaligen Stadtgutes Britz (heute Paster-Behrens-Straße 52–86) durch Max Taut und Eduard Ludwig.

„Hufeisen-Siedlung“, Teil der Großsiedlung Britz, Stavenhagener Straße 4–32.
1925–27 von Martin Wagner erbaut.
Eine der ersten modernen Arbeitersiedlungen in den 20er Jahren. Wegen der auf das Werk des niederdeutschen Schriftstellers Fritz Reuter bezogenen Straßennamen auch **„Fritz-Reuter-Siedlung“** genannt.

Körnerpark.
Eine ehemalige Kiesgrube zwischen der heutigen Karl-Marx- und der Hermannstraße, die vom damaligen Kiesgrubenbesitzer Franz Wilhelm Körner 1875 in einen Park umgestaltet wurde, der 1912, nun in städtischem Besitz, als Tiefpark mit Orangerie, Kaskaden und Springbrunnen vollendet wurde.
Beim damaligen Kiesabbau wurden hier Knochen eiszeitlicher Säugetiere gefunden, die den **„Rixdorfer Horizont“** zu einem Begriff geologischer Forschung machten.

Rixdorf.
Ehemaliges Dorf, heute der Stadtbezirk Neukölln mit den Ortsteilen Neukölln, Britz, Buckow und Rudow.
1360 als „Richardsdorp“ erstmals urkundlich erwähnt. 1435 vom Johanniterorden an die Städte Cölln und Berlin verkauft, seit 1543 im alleinigen Besitz der Stadt Cölln. 1737 entstand das „Böhmische Dorf“ und der inzwischen „Rixdorf“ genannte Ort teilte sich in **Deutsch-Rixdorf** und **Böhmisch-Rixdorf** auf.
1899 erlangte das auf über 80 000 Einwohner angewachsene Rixdorf die Stadtrechte, 1912 wurde es in **„Neukölln“** umbenannt. 1920 wurde es Groß-Berlin als Stadtbezirk untergegliedert. In der Richardstraße und am Richardplatz, der einstigen Dorfaue, zeugen heute noch einige der alten Häuser und die vor einigen Jahren „romantisch“ erneuerte Dorfschmiede von der ländlichen Vergangenheit. Die Dorfschmiede wird heute als Bildhaueratelier benutzt.

Rudow.
Ehemaliges Dorf, heute südlichster Ortsteil von Neukölln, der durch die Gropiusstadt und viele andere Neubau-Siedlungen ein völlig verändertes Aussehen erhalten hat.
Das alte Dorfzentrum aber hat noch viel von seinem früheren dörflichen Charakter. Hier findet man in der Prierosser Straße 48 das älteste Privathaus West-Berlins, das um 1660 errichtet und später lange Zeit als eines der „vornehmsten Lusthäuser“ des Königs gerühmt wurde. Benachbart ist der **„Lindenhof“**, 1848 erbaut, und das die Prierosser Straße abschließende **„Büdnergut“** von 1836 in der Krokusstraße 80.

Wohnhaus, Donau-/Ecke Innstraße.
1929 von den Architekten Paul Mebes und Paul Emmerich erbaut.

Wohnhaus, Ossastraße 9.
1928 von Bruno Taut erbaut.

Wohnhaus am Kottbusser Damm, Bürkner Straße 13.
1910 von Bruno Taut erbaut.

Literatur

Günter Bruno Fuchs, 1928–1977, Schriftsteller, Grafiker.
Grab: Friedhof Columbiadamm 122.

Erich Mühsam, 1878–1934, revolutionärer Lyriker, Dramatiker.
Gedächtnisstätte in der Hufeisensiedlung an der Stelle seines Wohnhauses (Dorchläuchtingstraße).

George Tabori, 1914, Dramatiker.
In der Dreieinigkeitskirche in Buckow fand 1971 die von ihm inszenierte Uraufführung seines Stückes „Pinkville“ statt.

Bildende Kunst

Denkmal Friedrich Wilhelms I., im ehemaligen Böhmisch-Rixdorf, Kirchgasse.
Bronze-Standbild von Alfred Reichel, 1912 aus Dankbarkeit von den Nachkommen der 1737 von Friedrich Wilhelm I. hier aufgenommenen böhmischen Protestanten errichtet.

Denkmal für die Gefallenen der Luftlandetruppen, Lilienthalstraße, neben der St.-Johannes-Basilika.
Bronzefigur von V. H. Seifert, die einen „soeben“ gelandeten Fallschirmspringer darstellt.

Musik

Gemeinschaftshaus der Gropiusstadt, Lipschitzallee 66.
Konzertreihe des Kunstamts Neukölln mit ca. 8–9 Veranstaltungen von Oktober bis April, die Sonntagnachmittag stattfinden.

Saalbau Neukölln, Karl-Marx-Straße 141.
Konzerte des **„kleinen abonnement im kleinen saal“.** 10 Veranstaltungen in der Spielzeit von Oktober bis April.

Sonstiges

Alt-Rixdorfer Weihnachtsmarkt.
Findet jährlich im Dezember am Richardplatz statt.

Ehemaliger **Garnisonsfriedhof,** am Columbiadamm 122–128.
1861 „für die Regimenter südlich der Spree“ angelegt.

Gemeinschaftshaus der Gropiusstadt, Lipschitzallee 66.
Mit Senioren- und Jugendclubs. Daneben Vorträge, Dichterlesungen, Kino, Theater, Konzerte, Ausstellungen.

Heimatmuseum Neukölln, Ganghoferstraße 3–5.
Besonderheiten sind Leihgaben des Museums für Vor- und Frühgeschichte, vor allem Ausgrabungen aus dem eigenen Bezirk („Rixdorfer Horizont“); als bedeutendster Fund das „Germanische Reitergrab“. Einmalig in Berlin sind auch die historischen Zinnfiguren, die in Dioramen aufgestellt sind.

Friedrich Ludwig Jahn, 1778–1852, Vater des deutschen Turnwesens.
Bronzestandbild von Erdmann Encke von 1872 im Volkspark Hasenheide zum Gedenken an den Turnvater Jahn, der hier 1811 Deutschlands ersten öffentlichen Turnplatz anlegte.

Kliems Festsäle, Hasenheide.
Eines der ältesten Bier-Etablissements in der Hasenheide. Seine Tradition reicht bis auf das Jahr 1873 zurück.

Mohammedanischer Friedhof, Columbiadamm.
1866 angelegt.

Naturtheater im Volkspark Hasenheide.
Hier finden in der Zeit von ca. 20. Juni bis 31. August regelmäßig samstags und sonntags um 17 Uhr im Wechsel Blaskonzerte, Folkloreveranstaltungen und Theateraufführungen statt.

„Neue Welt“, in der Hasenheide.
Amüsier-Etablissement mit Lokalen, Bierhäusern, Biergärten. Hier gab es Volksbelustigungen, Bockbierfeste, Feuerfresser, Catcher-Kämpfe, Schönheitswettbewerbe, auch große SPD-Kundgebungen. In den 50er Jahren mit Berlins größtem Saalbau (2200 Personen) wieder aufgebaut, sanken in den folgenden Jahren die Besucherzahlen immer mehr, so daß die „Neue Welt“ 1975 schließen mußte. Das 55 000 Quadratmeter große Areal wurde an eine Wohnungsbaugesellschaft verkauft. Seit neuestem (1977) finden hier wieder Veranstaltungen statt.

„Resi“, Graefestraße.
Ballhaus mit Tradition, 1908 an der Jannowitzbrücke (heute Ost-Berlin), nahe dem ehemaligen Residenztheater (daher der Name) eröffnet, im Krieg zerstört. 1951 in der Hasenheide wiedererstandene Touristenattraktion mit einem Saal für 2000 Personen, mit Tischtelefon, Rohrpostanlage und den illuminierten Wasserspielen. Karl Valentin, einer der vielen berühmten Gäste, bemerkte dazu: „So hab' ich mir immer das Büro von Osram vorgestellt“.

Trödelmarkt Flughafenstraße.
Auch Antiquitäten, besonders Gemälde und Bilderrahmen.

Volkspark Hasenheide, zwischen Columbiadamm und Hasenheide. Einst kurfürstliches Hasengehege. 1811 wurde hier von Jahn der erste öffentliche Turnplatz angelegt, später war das Gelände militärische Schießstätte, seit 1838 (von Peter Joseph Lenné gestaltet) Parkanlage, heute (nach Erweiterungen und Umgestaltungen 1936 und nach 1945) mit Tiergehege, Spielplatz, dem Naturtheater und dem Trümmerberg **„Rixdorfer Höhe“,** auf dem die Steinfigur **„Trümmerfrau“** (1955 von Katharina Singer) den Berlinerinnen für ihre Mitarbeit beim Wiederaufbau von Berlin dankt.

Schul

7 Kreuzberg

Auf dem **Kreuzberg** wird getanzt. Unter Schinkels eisernem Befreiungskriegsdenkmal spielt die Musik. Es sind die Kreuzberger Festtage.

Das Volk von Kreuzberg, gelagert, in Gruppen, in Familien, in Clans, Völkerschafts-Flecken, Kinder von Kreuzberg, Hunde von Kreuzberg, Bierschwaden und Bratwurstschwaden, Schaschlikschwaden, die Speisung der Fünftausend und mehr. G. B. Fuchs kommt mit einer Spielzeugkanone am Bindfaden auf den Berg und fragt das Schießding: „Kannst du dich erinnern?" Er zählt ihr Namen auf wie ‚Großgörschen'. Erst waren es Schlachtennamen, preußisch-napoleonische, jetzt sind es Quartiersnamen, — die Straßen, in denen Kreuzberger wohnen. Großbeerenstraße. Hand- und Kunstdruckpressen. Bildermacher-Höfe. Erinnerungen an Galerien: die Zinke. „Danke, danke", sagt G. B. Fuchs, spielt Mundharmonika. Ein fliegender Kreuzberger fliegt über Kreuzberg. Er hat einen Elephantenrüssel. Mit ihm macht er aus, wo Kreuzberg noch Kreuzberg ist.

Kreuzberg: hier ist, soweit nicht ‚konsequent' geräumt wurde, improvisieren möglich, was andernorts kaum noch möglich ist. Nach so vielen bombardierenden, betonierenden, ausradierenden, wegbugsierenden und wirtschaftswunderlich-ökonomistischen Jahren gibt es noch so etwas wie ein Kreuzberger Zusammenwohnen in Wohnstraßen, ein Leben mit Leuten in einem Haus, in einer Straße, die dir bekannt sind, und mit Dingen, die dich nicht gleichgültig lassen; gibt es hier noch das zweischneidig Zwiespältige von mühselig Aufeinandersitzendem und freizügig Unzugesperrtem; bei allem arbeitswütigem Alltag: fast noch einen Schimmer von ramponiertem Abenteuer. Nicht nur hier am Kreuzberg, den künstlichen Wasserfall entlang.

Der Kreuzberg selber, „mit 66 Metern die höchste natürliche Erhebung im inneren Stadtgebiet Berlins", war früher ein Weingarten-, Gemüsegarten- und Vogelscheuchenberg, — Fontane hat ihn in ‚Schach von Wuthenow' noch so geschildert: „In raschem Trabe ging es die Friedrichstraße hinunter, erst auf das Rondell und das Hallesche Tor zu, bis der tiefe Sandweg, der zum Kreuzberg hinaufführte, zu langsamerem Fahren nötigte ... Am meisten amüsierten sie die seltsam ausgestopften Altweibergestalten, die zwischen den Sträuchern und Gartenbeeten umherstanden und entweder eine Strohhutkiepe trugen oder mit ihren hundert Papilloten im Winde flatterten und klapperten. Endlich war man den Abhang hinauf, und über den festen Lehmweg hin, der zwischen den Pappeln lief, trabte man jetzt wieder rascher auf Tempelhof zu. Neben der Straße stiegen Drachen auf, Schwalben schossen hin und her, und am Horizont blitzten die Kirchtürme der nächstgelegenen Dörfer."

Der fliegende Kreuzberger über Kreuzberg, heute, tunkt seinen Rüssel in Lokalitäten, die du *so* nirgends sonst finden kannst: in die busch-überwucherten Gleisanlagen und Bahnsteige hinter der Ruine des Anhalter Bahnhofs, wo die aus den Straßen entlaufenen Liebespaare beim Picknick sich endlich sehen und haben; — in die versunkenen Lagerhallen im Gleisdreieck, und was hier gelagert wird, ist unverzeichnet in den Registern der Stadt, und was hier ‚ausgestellt' werden soll, in Zukunft, ist noch in träumenden Köpfen versteckt; in die Sitzrunden vom Chamissoplatz; in die Tuschelgruppen im Böcklerpark, und was hier verhandelt wird, wird niemand oder wirst du durch die Zeitung erst übermorgen erfahren.

Der Rüssel hängt in den alten Mariannenplatz und sondiert die Wiener Straße in Kreuzbergs Südosten, — nicht Idyllen oder Grotesken sucht er, und findet er, sondern eine Miteinander-Wohngegend, die nicht aufgibt und die nicht aufgegeben werden darf, — gerade weil sie im Windschatten liegt der Ökonomie. Strategien für Kreuzberg: hier ist noch einiges möglich, und das Beste davon sollte wirklich werden. Hier gibt es Öffentliche-Gehweg-Gebrauchsgegenstände. Straßenmobiliar. Kioske. Pißbuden. Kneipen. Gartenlokale. Kreuzberger Ordnung aus Bewegung und Wechsel.

Das Königlich Preußische Kammergericht, in dem E. T. A. Hoffmann über den Akten saß, ist Berlin-Museum. Des Archivarius Knistern ist in den Mauern: „Ei, wie das? Haben Sie denn einen Bruder, Herr Archivarius? — wo ist er denn — wo lebt er denn? Auch in königlichen Diensten, oder vielleicht ein privatisierender Gelehrter?" ... „Nein!" erwiderte der Archivarius ganz kalt und gelassen eine Prise nehmend, „er hat sich auf die schlechte Seite gelegt und ist unter die Drachen gegangen ..."

Dieses Knistern hat Hoffmann verbunden mit dem Beobachten der Szenerie auf Plätzen und Straßen, er hatte „ein Auge, welches wirklich schaut", er sah das „scheckichte, sinnnverwirrende Gewühl": „Hoho, mein Freund, mir entwickelt sich daraus die mannigfachste Szenerie des bürgerlichen Lebens, und mein Geist, ein wackerer Callot oder moderner Chodowiecki, entwirft eine Skizze nach der anderen ..."

Das Berlin-Museum und seine Weißbierstube bevölkern das E. T. A. Hoffmann-Gehäus. Und des

G. B. Fuchs fliegender Kreuzberger über Kreuzberg verwandelt sich in Herrn Eule und sondiert die Kreuzberger Kneipen: Der Wirt, „ein fünfschrötiger Eisbein-Esser, runzelte bei unserem Auftritt Stirn und Glatze. Er gab uns zwar je einen dreistöckigen Aquavit, warf uns dann aber einen gewaltigen Scheuerlappen vor die Füße, zwecks Trockenlegung des Fußbodens, den wir mit einer stattlichen Pfütze versehen hatten. Wir bückten uns, wischten auf, trugen den Lappen zur Toilette, bemühten uns auch, ihn gut auszuwringen, und eilten zurück zur Theke. Währenddessen hatten wir aus unseren Kleidern überall kleine Flüsse in das Lokal entlassen. Kurzerhand wurden wir von kräftigen Fäusten gepackt, über harte Schultern geworfen, durch ein Treppenhaus (es war gut fünf Stockwerke) hinauf zum Trockenboden gebracht, dort mit Wäscheleinen festgebunden und uns selbst überlassen. Ritter von Nachtwinds Gnaden, saßen wir längere Zeit im Dunkeln ... Es war noch ziemlich früh, als wir über die Laufbretter der Schornsteinfeger von Dach zu Dach kreuz und quer liefen, um Haus und Häuserblock der vergangenen Nacht weit hinter uns zu lassen. Von hier oben hatten wir großartigen Ausblick auf die Kanalgegend. Wir setzten uns: jeder auf einen Schornstein ...“

Wir inspizieren, von oben, den Landwehrkanal, seine Ufer, seine Ratten und seine Brücken: die am Kottbusser Tor, die am Halleschen Tor und die Möckernbrücke und alle die kleineren Brücken, die du auf den Ausflugsschiffen mit eingezogenem Kopf durchfährst. Und die Gründerzeit-Fassaden werden inspiziert, in der Waldemar- und in der Naunyn-Straße, und Aras Ören und die Türkenköpfe recken sich aus den Mauerlöchern der Kreuzberg-Türkenstadt, die Kinderköpfe, — und einige Rückzugsdeutsche liegen hier breit hinaus, auf Kissen: hier sind wir noch; und die Türkenaugen, neugierig, übereinander, aus den Familienfestungen, fremde Zeichen in der Fremde, aus dem porösen Gründerzeit-Steinberg; und Rentnerköpfe, hinter Gardinen im Auslug.

Die Straßenfeger unter Parkbäumen. Herr Eule zieht den Günter-Bruno-Fuchs-Schluß: „Wir, die Laubsäcke, sind das Ergebnis unserer Erfinder.“ Kurt Mühlenhaupt, der Kreuzberger Maler, sagt: „Bei allem, was los war, hätten wir beinahe die Hauptsache verpaßt.“ Sie stehen beieinander, auf dem Kreuzberg, — und E. T. A. Hoffmann, der seinem Königlich Preußischen Kammergericht entkommen ist, schnarrt über ihre Schultern: „In Kristall — dein Fall!“, und Chamisso: „Sic hocus pocus Schiboleth, es wird erst Tag, wenn die Nacht vergeht!“, und Glaßbrenner: „Ju'n Dag, Nante, jebildeter Lulei! Ju'n Dag, Karnalje! Comment, wie jeht es dir, du befindest dich doch noch? Wat soll'n der Wortwechsel hier? Wovon unterhält ihr'n euch? ... Ne scheene Jejend is det hier!“

Herbol

Tabak
Taba

Spez. Herren-Frisier-Salon
HÖR ZU
Rasieren
Haarschneiden
Kopfwaschen
Haarpflege
35

10
Sebastianstraße
64-77

Köpenicker Straße
H100

Friseur

ZIGARREN
B HC 141

TRO CHAMISSO
Wein
Kaffee
Bier
Adelbert

ADELBERT von CHAMISSO
GEB. D. 30. JANUAR 1781
GEST. D. 21 AUGUST 1838
ANTONIE von CHAMISSO
GEB. PIASTE
GEB. D. 30 OCTOBER 1800
GEST. D. 21 MAI 1837.

ADOLF
GLASSBRENNER
GEB. ZU BERLIN 27. MAERZ 1810
GEST. ZU BERLIN 25. SEPTEMBER 1876.

E.T.W. Hoffmann
geb. Königsberg in Preussen
den 24. Januar 1776
gest. Berlin den 25. Juni 1822
Kammer Gerichts Rath
ausgezeichnet
im Amte
als Dichter
als Tonkünstler
als Maler
Gewidmet von seinen Freunden

Königsberg i. Pr. 590 km
über Dtsch.-Krone 243 km
Danzig 470 km
über Dtsch.-Krone 243 km
Leipzig 164 km
über Potsdam 28 km
2
Magdeburg 149 km
über Potsdam 28 km
1
5
Breslau 330 km
über Frankfurt a. Oder 88 km
5
Gleiwitz 478 km
über Frankfurt a. Oder 88 km
Bayer

Berliner Stadtgrenze
Grenze Berlin (West)- Berlin (Ost)
Bezirksgrenze
Ortsteilgrenze
REINICKENDORF
28 Frohnau
27 Heiligensee
27
Hermsdorf 28
Lübars
28 Waid-manns-lust
26
Kon-rads-höhe
Tegel
27 Wittenau
51
Reinickendorf
27
52
PANKOW
1108 Blankenfelde
Buch 1115
Buchholz 1113
Karow 1116
1106 Rosenthal
Blanken-1114 burg
Nieder-schönhausen 111
110 Pankow
Heiners-dorf
WEISSENSEE
Malchow 1129
Warten-berg 1127
Falken-berg
Weissensee 112
Hohen-1125 schönhausen
SPANDAU
20
Spandau
Hasel-20 horst
Siemens-13 stadt
Staa-20 ken
20
WEDDING 65
13
PRENZ-LAUER-BERG
1071
1058
1018
1055
CHARLOTTEN-BURG
19
10
12
TIER-GARTEN
21
30
MITTE
104
108
1054
102
FRIED-RICHS-HAIN
1034
1035
1017
LICHTENBERG
Marzahn 1146
Lichten-berg 113
Friedrichs-felde 1136
Kaulsdorf
Biesdorf 114
1138
Mahls-dorf 115
KREUZBERG
36
61
Gatow 22
Grunewald 33
WILMERSDORF
Schmar-gendorf 33
15 Wilmers-dorf 31
SCHÖNE-BERG
62
Schöne-berg
Frie-den-au 41
42 Tempelhof
Neukölln 44
Treptow 1193
1134
1157 Karlshorst
Baum-schulen-weg 1195
Ober-schöneweide 116
119 Nieder-
22 Kladow
33
Nikolassee
Dahlem 33
Steglitz 41
TEMPEL-HOF
42 Mariendorf
Britz 47
TREP-TOW
Johannis-thal 1197
Adlers-hof 1199
1162 Friedrichshagen
ZEHLENDORF
37
38
Zehlendorf
STEGLITZ
45 Lichterfelde
Lankwitz 46
NEUKÖLLN
117 Köpenick
Rahnsdorf 1165
Wannsee 39
48 Marienfelde
47 Buckow
Rudow 47
Altglienicke
1185 Bohnsdorf
KÖPENICK
1168 Müggelheim
Grünau 118
49 Lichtenrade
Schmöckwitz 1186

Kreuzberg

Architektur und Städtebau

Amerika-Gedenkbibliothek, Blücherplatz 1.
Wurde 1951–54 aus einer USA-Spende erbaut (Architekt: Willy Kreuer), und gehört als Berliner Zentralbibliothek dem Land Berlin. Sie umfaßt ca. 500 000 Bände.

Ehemaliger **Anhalter Bahnhof,** Stresemannstraße.
1841 Eröffnung mit der Strecke Berlin–Cöthen, die sieben Jahre später bis Dresden verlängert wurde.
Das 1880 entstandene „neue" Empfangsgebäude baute Franz Schwechten, die Hallendachkonstruktion stammt von Heinrich Seidel, dem Schriftsteller.
Der Anhalter Bahnhof war Ausgangspunkt für die Strecken nach Dresden, Leipzig, Prag, Wien, München. Das Gebäude wurde im Krieg zerstört, der Bahnhof Anfang der 50er Jahre stillgelegt. Stehengelassen hat man das Stück Ruine an der Stresemannstraße.

Büro-Hochhaus, Oranienplatz.
1932 von Max Taut erbaut. Als Kaufhaus geplant und einige Jahre als solches benutzt. Heute dient der fünf-, sieben- und neungeschossige Bau als Bürohaus.

Chamissoplatz.
Einer der fünf „geschützten Baubereiche" West-Berlins. Geschlossene Platzanlage mit Mietskasernen aus den Jahren 1880–90. Die zum großen Teil erhaltenen Fassaden der Gründerzeit wurden restauriert.

Ehemalige **Dragonerkaserne,** Mehringdamm.
Sie war die Kaserne des „1. Garde-Dragoner-Regiments Königin Victoria von Großbritannien und Irland". 1853 erbaut, steht jetzt wegen ihrer städtebaulichen und historischen Bedeutung unter Denkmalschutz. Heute Sitz des Finanzamts Kreuzberg-Süd.

Friedhöfe am Halleschen Tor, mit Eingängen Zossener Straße, Baruther Straße und Mehringdamm.
Bestehen aus den **Friedhöfen der „Jerusalems- und Neuen Kirchen-Gemeinde",** der **„Dreifaltigkeitsgemeinde",** der **„Böhmischen Gemeinde"** und der **„Brüdergemeinde".** Sie sind seit 1735 angelegt worden und beherbergen Ruhestätten vieler berühmter Persönlichkeiten (u. a. Chamisso, Glaßbrenner, E. T. A. Hoffmann, Mendelssohn-Bartholdy, Varnhagen).

Haus des Deutschen Metallarbeiter-Verbandes,
Alte Jakobstraße 148–155.
1925 von den Architekten Erich Mendelsohn und Rudolf W. Reichel erbaut.

Kreuzberg.
Berliner Stadtbezirk. 1920, als bei der letzten großen Eingemeindung Berlin in 20 Bezirke eingeteilt wurde, aus der südlichen Friedrichstadt, der Luisenstadt und der Tempelhofer Vorstadt entstanden, die die drei historischen Kernteile von Kreuzberg bilden. Unter Friedrich Wilhelm I., dem Soldatenkönig, waren diese Städte ausgebaut worden und entwickelten sich im Laufe der Zeit zu dicht besiedelten Bezirken.

Künstlerhaus Bethanien, am Mariannenplatz.
Als Krankenhaus Bethanien wurde es 1845–47 vom Architekten Römer erbaut, damals exemplarisch für moderne Krankenhausbauten. Heute ist es u. a. Sitz des „Künstlerhaus Bethanien, Internationale Projektwerkstatt für Malerei, Graphik, Plastik, Musik, Theater, Literatur, Film, Video und intermediale Arbeit", eine 1974 gegründete GmbH.
Auch das Kunstamt Kreuzberg hat in dem Haus sein Domizil.

Künstlicher Wasserfall mit Felsschlucht, vom Kreuzberg in Richtung Großbeerenstraße.
Damalige und heutige Attraktion des 1888–94 angelegten **Viktoria-Parks** auf dem Kreuzberg.

Ehemaliges **„Kutscherhaus",** Tempelhofer Ufer 11.
Das im Fachwerkstil erhaltene Haus befindet sich im Hinterhof des Hauses Nr. 11.

Marheineke-Halle, am Marheineke-Platz, Bergmannstraße.
Als XI. Markthalle im März 1892 in Betrieb genommen; nach dem Krieg fast vollständig neu erbaut; eine der drei letzten von ehemals 14 Hallen.

Markthalle, zwischen Eisenbahn- und Pücklerstraße.
Im September 1891 als IX. (Zahl unter dem Portal) in Betrieb genommen. Eine der letzten drei von ehemals 14 Hallen.

Mehringplatz (früher **Belle-Alliance-Platz).**
Das ehemalige Rondell wurde 1732 mit der Erweiterung von Friedrichstadt von Philipp Gerlach angelegt. Im Laufe der Zeit erfolgten immer wieder Umbauungen. Nach der fast vollständigen Zerstörung im II. Weltkrieg entwarf Hans Scharoun 1962 ein Grundkonzept: erstens, Beibehaltung der historischen Kreisform mit der **Friedenssäule,** die seit 1843 Mittelpunkt des Platzes war, und zweitens, die auf den Platz zuführenden Straßen durch im Osten und Westen vorbeiführende vielspurige Straßen zu ersetzen, so daß der Platz den Fußgängern vorbehalten ist. Der Wiederaufbau, nach Scharouns Konzept, wurde in den Jahren 1973–75 von Werner Düttmann ausgeführt.

Ehemaliges **Museum für Kunsthandwerk,** Niederkirchner Straße.
1877–81 von Martin Gropius erbaut. Von 1881–1921 war hier das Kunstgewerbemuseum untergebracht.
Das Gebäude mit den auffallenden Mosaiken soll wiederhergestellt und Domizil der Staatlichen Kunsthalle Berlin werden.

Nationaldenkmal für die Befreiungskriege von 1813–15, auf dem Gipfel des Kreuzbergs.
Friedrich Wilhelm III. ließ das von Karl Friedrich Schinkel geschaffene Denkmal 1821 errichten.
1878 wurde (wegen der zu hoch gewachsenen Bäume) ein acht Meter hoher Unterbau untergeschoben. Die von Rauch, Tieck und Wichmann modellierten Statuen symbolisieren die Hauptsiege und tragen Züge in jener Zeit bekannter Persönlichkeiten.

Planufer, Nr. 77–97 auf der östlichen Seite zwischen Admiral- und Kottbusser Brücke.
In den Jahren 1845–50 am zum Landwehrkanal ausgebauten Floßgraben angelegt (der Name leitet sich von den Plänen her, die Peter Joseph Lenné speziell für dieses Gebiet entwickelt hatte), erhielt es um die Jahrhundertwende seine Wohnhäuser mit den prächtigen, historisierenden Fassaden, hinter denen sich bis zu drei enge und lichtarme Höfe verbergen.

Riehmers Hofgarten, Haupteingang Yorckstraße 83–86.
1881–92 erbauter, zwanzig Wohnhäuser umfassender, architektonisch einheitlich um Gartenhöfe gruppierter Gebäudekomplex. Das Vorbild dafür sah Bauherr Wilhelm Riehmer im „Heinrichshof" in Wien, den zwanzig Jahre vorher Theophil Hansen dort errichtet hatte.
Riehmers Hofgarten ist einer der fünf „geschützten Baubereiche" West-Berlins.

St.-Jakobi-Kirche, Oranienstraße.
1844/45 von August Stüler erbaut. Im II. Weltkrieg bis auf den Turm zerstört, 1960 wiederhergestellt.

Steuerhaus vor dem Schlesischen Tor, an der Ecke des Schleusenufers.
West-Berlins letztes Steuerhaus von ehemals elf, die, wegen Stadterweiterung um 1861 neu errichtet, bis 1875 die Mahl- und Schlachtsteuer einzutreiben hatten.
Ein einfacher Backsteinbau im spätklassizistischen Stil, nach Zeichnungen des Stüler-Schülers Gustav Möller. Heute gehört das Haus dem zu Ost-Berlin gehörenden Wasserstraßen-Hauptamt und bietet ein paar wenigen Pensionären einen ruhigen und billigen Wohnsitz.

Ehemaliger **Tanzsaal,** Adalbert-/Ecke Naunynstraße.
Zur Zeit ein Materiallager; es bestehen Bemühungen, den Saal wieder herrichten zu lassen.

U-Bahnhof Kottbusser Tor, Am Kottbusser Tor.
1928 von Alfred Grenander erbaut. Der Bahnhof und die anschließenden Viaduktbauten sind ein Umbau der ältesten Berliner Hochbahnstrecke.

U-Bahnhof Schlesisches Tor, Am Schlesischen Tor.
Um 1900 als Hochbahnhof von Hans Grisebach im Stil der deutschen Renaissance erbaut.

Verbandshaus der Deutschen Buchdrucker, Dudenstraße 10.
Heute das **Haus der IG Druck und Papier.** 1925 von Max Taut und Franz Hoffmann erbaut. Das Vorderhaus ist mit gelben

Verblendern, schwarzen Klinkern und anderen Keramiken verkleidet.

Ehemaliges **Wasserwerk,** Schöneberger Straße/Schöneberger Ufer. In den 70er Jahren des vorigen Jahrhunderts erbaut. Bleibt erhalten und soll zur Unterbringung von Tiergarten-Plastiken, die dort restauriert werden sollen, dienen.

Wilhelmshöhe, zwischen Methfesselstraße und Mehringdamm. 1871 als exklusive Villenkolonie mit eigenem Wasserturm angelegt. Von dem einstigen Wohnidyll mit seinen etwa 20 prunkvollen Villen und seinen Terrassengärten ist nichts mehr erhalten. Allein das Haus Wilhelmshöhe 11 steht noch in ursprünglicher Gestalt.

Wohnhäuser in der Methfesselstraße.
1955 von Max Taut erbaut.

Literatur

Gottfried Benn, 1886–1956, Lyriker, Arzt.
Medizinstudium in Berlin, 1917 Niederlassung als Facharzt für Haut- und Geschlechtskrankheiten. Am Halleschen Tor, Mehringdamm 38/Ecke Yorckstraße, hatte er jahrelang seine Arzt-Praxis.

Berliner Handpresse, Prinzessinnenstraße 20.
Herstellung bibliophiler, illustrierter Ausgaben älterer und zeitgenössischer Literatur, die von den Malern Wolfgang Jörg und Erich Schöning herausgegeben werden.

Adalbert von Chamisso, 1781–1838, Lyriker und Erzähler.
Die Familie kam 1796 nach Berlin, Chamisso wurde Page der Königin Luise und war 1798–1807 preußischer Offizier. Später, von 1819–38, war er Kustos beim alten Botanischen Garten in Schöneberg.
Grab: Friedhof der Jerusalems- und Neuen Kirchengemeinde III, Mehringdamm.

Alfred Döblin, 1878–1957, Schriftsteller.
Kam 1888 nach Berlin. Praktizierte hier seit 1911 als Nervenspezialist und Kassenarzt. 1910 Mitbegründer der expressionistischen Zeitschrift „Der Sturm". 1933 freiwilliges Ausscheiden aus der Preußischen Dichterakademie und Flucht über Zürich nach Paris, 1936 in Frankreich naturalisiert.
Wohnte 1913 in der Blücherstraße 18.

Theodor Fontane, 1819–1898, Schriftsteller.
Wohnte von 1859–63 Mehringdamm 3/5 (früher Belle-Alliance-Straße) am Halleschen Tor, wo er 1860 das Buch „Wanderungen durch die Mark Brandenburg" begann. Heute befindet sich an dieser Stelle der Parkplatz der Amerika-Gedenkbibliothek. 12 Jahre früher war er 1¼ Jahre, vom Frühling 1848 bis Sommer 1849, im Krankenhaus Bethanien angestellt, um zwei bethanische Schwestern, die den bethanischen Apothekendienst übernehmen sollten, in der pharmazeutischen Wissenschaft auszubilden. „Meine Übersiedlung in meine neue Stellung fand gerade an dem Nachmittage statt, wo Bürgerwehr und Volk auf dem Köpnicker Felde herumbataillierten, so daß ich – ich war mit einem Male mitten in einer Schützenlinie – unter Flintengeknatter meinen Einzug in Bethanien hielt", schreibt Theodor Fontane in seinem autobiographischen Buch „Von Zwanzig bis Dreißig".

Adolf Glaßbrenner, 1810–1876, Berliner Volkspoet. „Vater des Berliner Witzes", Erfinder des „Eckenstehers Nante".
Grab: Friedhof der Jerusalems- und Neuen Kirchengemeinde III, Mehringdamm.

E. T. A. Hoffmann, 1776–1822, Dichter, Komponist, Maler.
Lebte von 1798–1800, dann von 1814 bis zu seinem Tod in Berlin. 1816 amtierte er als Kammergerichtsrat am Königlichen Kammergericht zu Berlin. (Heute Sitz des Berlin-Museums, Lindenstraße 14.) Sein Grab liegt auf dem Friedhof der Jerusalems- und Neuen Kirchengemeinde III, Mehringdamm.

Arno Holz, 1863–1929, Lyriker und Dramatiker.
Lebte seit 1875 in Berlin.
Arno-Holz-Nachlaß in der Amerika-Gedenkbibliothek.

August Wilhelm Iffland, 1759–1814, Dramatiker, Schauspieler, Regisseur, Direktor des Schauspielhauses am Gendarmen-Markt.
Grab: Friedhof der Jerusalems- und Neuen Kirchengemeinde, Mehringdamm.

Charlotte von Kalb, 1761–1843, Zeitgenossin von Schiller, Goethe, Wieland, Hölderlin, Jean Paul.
Grab: Dreifaltigkeitsfriedhof, Bergmannstraße 39–41.

Heinrich von Kleist, 1777–1811, Schriftsteller.
In Berlin seit Oktober 1810. Herausgeber und Autor der „Berliner Abendblätter", die nur bis zum März 1811 erschienen.
Freitod zusammen mit Henriette Vogel am Wannsee.
Denkmal im Viktoriapark auf dem Kreuzberg, Teile seines Nachlasses in der Amerika-Gedenkbibliothek.

Köpenicker Straße.
Handlungsort in Fontanes Roman „Frau Jenny Treibel" (1893). Das Urbild des Kommerzienrates Treibel, der Kupferfabrikant Carl Heckmann, den die Zeitgenossen leicht mit der Romangestalt identifizieren konnten, wohnte allerdings einige hundert Meter weiter in der **Schlesischen Straße,** wo er auch seine im Roman beschriebenen Palmen- und Treibhäuser angelegt hatte.

August Kopisch, 1799–1853, volkstümlicher Balladendichter („Heinzelmännchen von Köln"), Maler.
1833 kam er nach Berlin und übernahm das Hofmarschallamt, 1847 Übersiedlung nach Potsdam als Schloßkonservator.
Grab: Dreifaltigkeitsfriedhof, Bergmannstraße 39–41.

Künstlerhaus Bethanien, am Mariannenplatz.
Veranstaltungen von Lesungen und literarischen work-shops, z. B. der Hörspielwerkstatt.

Namik-Cemal-Bücherei, im Künstlerhaus Bethanien.
Einzige türkische Bücherei Berlins; daneben existieren türkischsprachige Abteilungen in den Stadtbüchereien mehrerer Bezirke.

Rainer Verlag, Körtestraße 10.
Herstellung und Herausgabe bibliophiler Bücher.

Friedrich Rückert, 1788–1866, Dichter, Übersetzer.
Von 1841–48 Professor der Orientalistik in Berlin.
Denkmal im Viktoriapark auf dem Kreuzberg.

Friedrich Ernst Daniel Schleiermacher, 1768–1834, Theologe, Philosoph, Kritiker.
Grab: Dreifaltigkeitsfriedhof, Bergmannstraße 39–41.

Ludwig Tieck, 1773–1853, Dichter der Romantik.
Von Friedrich Wilhelm IV. 1843 nach Berlin berufen.
Grab: Dreifaltigkeitsfriedhof, Bergmannstraße 39–41.

Ludwig Uhland, 1787–1862, Lyriker.
Denkmal im Viktoriapark auf dem Kreuzberg.

Karl August Varnhagen von Ense, 1785–1858, Diplomat, Schriftsteller.
Rahel Varnhagen von Ense, 1771–1833, seine Ehefrau.
Gräber: Friedhof der Jerusalems- und Neuen Kirchengemeinde III, Mehringdamm.

Wilhelm Heinrich Wackenroder, 1773–1798, Schriftsteller.
1796 Assessor am Königlichen Kammergericht zu Berlin (heute Sitz des Berlin-Museums, Lindenstraße 14).
Grab (eingeebnet): Friedhof der Jerusalems- und Neuen Kirchengemeinde III, Mehringdamm.

Robert Walser, 1878–1956, Schriftsteller.
Lebte von 1905 bis 1913 in Berlin, am Schluß seines Aufenthaltes Schöneberger Ufer 40.

Oswald Wiener, 1935, Schriftsteller.
Eröffnete 1971 seine Kneipe „Wiener Exil", Paul-Lincke-Ufer 44 a. Treffpunkt von Leuten aus Literatur, Kunst, Theater, Film, Wissenschaft.

Bildende Kunst

Bilderbude, Blücherstraße 23.
Galerie des „Kreuzberger Künstler Kreis", im Mai 1975 eröffnet. Einzel- und Gruppenausstellungen der Mitglieder, Lese- und Filmabende.

Elefanten-Press-Galerie, Dresdener Straße 10.

Galerie Franz Mehring, Mehringplatz 7.
Vorwiegend Arbeiten von Kreuzberger Künstlern.

Galerie „die Zinke", Oranienstraße 27.
1959 von Günter Bruno Fuchs, Günter Anlauf und Robert Wolfgang Schnell gegründete, 1962 aufgelöste Berliner Hinterhofgalerie.

„Kleine Weltlaterne", Kohlfurter Straße 37.
Kreuzberger Kneipe, in der die „Künstlermutter" Hertha Fiedler Bilder Berliner Künstler vertreibt.

Kreuzberger Künstler Kreis e. V., Blücherstraße 21.

Im Mai 1975 als Organisation Kreuzberger Künstler gegründet, inzwischen auf mehr als 50 Mitglieder (Maler, Grafiker, Bildhauer, Schriftsteller, Fotografen) angewachsen. Die Absicht des Vereins u. a. ist, „die Initiativen der beteiligten Künstler und das künstlerische Interesse breiter Bevölkerungskreise zu aktivieren und zu fördern".
Angeschlossen ist die eigene Galerie **„Bilderbude".**

Künstlerhaus Bethanien, am Mariannenplatz.
Hier stehen Druckwerkstätten für Mitglieder des Berufsverbandes Bildender Künstler zur Verfügung, sowie Ateliers für Gäste des Berliner Künstlerprogramms des Deutschen Akademischen Austauschdienstes. Die Ateliers können auch zeitweise von Berliner Künstlern gemietet werden.

Adolph von Menzel, 1815–1905, Maler.
Grab: Dreifaltigkeitsfriedhof, Bergmannstraße 39–41.
Das Grabmal schuf der Bildhauer Reinhold Begas.

Werkstatt Rixdorfer Drucke, Oranienstraße 20.
Von 1963–74 Druckwerkstatt der Grafiker Uwe Bremer, Günter Bruno Fuchs, Ali Schindehütte, Johannes Vennekamp und Arno Waldschmidt.

Wrangel-Brunnen, Grimmstraße.
Von Hugo Hagen, einem Schüler Rauchs, unter der Protektion des Feldmarschalls Wrangel für den Kemperplatz geschaffen, 1877 enthüllt. Steht hier seit 1902.

Heinrich Zille, 1858–1929, Zeichner, Lithograph, Fotograf.
Eine große Sammlung seiner Arbeiten ist im Berlin-Museum (Lindenstraße 14) ausgestellt.

Musik

Amerika-Gedenkbibliothek, Blücherplatz 1.
Im Konzertsaal Veranstaltungen von Konzerten mit Kammermusik und Raritäten.

Chor der St.-Hedwigs-Kathedrale, Stresemannstraße 66.
Der Chor, der von der katholischen Kirche unterstützt wird, singt regelmäßig in verschiedenen Kirchen und gibt jährlich vier bis fünf Konzerte in der Philharmonie.

Kreuzberger Streichquartett.
Die vier Musiker sind alle in Kreuzberg beheimatet; Konzerte in Berliner Konzertsälen und im Ausland.

Felix Mendelssohn-Bartholdy, 1809–1847, Komponist.
Grab: Friedhof der Dreifaltigkeitsgemeinde, Mehringdamm.

Türkischer Arbeiterchor.
Leiter ist Tohsin Tuciri. Veranstaltungen in Zusammenarbeit mit dem Kunstamt Kreuzberg. 1976 großes Konzert in der Philharmonie. Sänger sind türkische Arbeiterinnen und Arbeiter.

Wissenschaft

Heinrich Barth, 1821–1865, Geograph, Afrikaforscher.
Grab: Friedhof der Jerusalems- und Neuen Kirchengemeinde, Mehringdamm.

Ernst Ludwig Heim, 1764–1847, volkstümlicher Berliner Arzt (der „alte Heim").
Grab: Friedhof der Jerusalems- und Neuen Kirchengemeinde II, Baruther Straße.

Karl Lachmann, 1793–1851, Altphilologe und Germanist.
Begründer der germanistischen Textkritik.
Grab: Friedhof der Dreifaltigkeitsgemeinde, Bergmannstraße 39–41.

Theodor Mommsen, 1817–1903, Historiker.
Grab: Dreifaltigkeitsfriedhof, Bergmannstraße 39–41.

Sonstiges

Amerika-Gedenkbibliothek, Blücherplatz 1.
Sie wurde mit Hilfe amerikanischer Spenden erbaut, 1954 eröffnet und untersteht dem Senat von Berlin. Sie enthält u. a. eine wissenschaftliche Abteilung, Romane, Kinder- und Jugendbücher, ein Notenarchiv, eine Schallplattensammlung „Musik der USA im 20. Jahrhundert" und eine Sammlung „Berlin-Schrifttum" mit Bildarchiv.

Berlin-Museum, Lindenstraße 14.
Das nach dem Krieg im überlieferten Barockstil wiederhergestellte ehemalige Alte Kammergericht ist seit 1969 Sitz des Berlin-Museums, das vom „Verein der Freunde und Förderer des Berlin-Museums" im Jahr 1962 gegründet wurde.
Es zeigt in drei Stockwerken die Geschichte, Kultur und kunsthistorische Entwicklung Berlins.

Gleisdreieck.
Verkehrsknotenpunkt der drei ersten Berliner Hochbahnstrecken. Als Motiv für Film und Literatur ist dieser Ort öfter verwendet worden, z. B. im UFA-Film „Gleisdreieck" aus den 30er Jahren, in Günter Grass' Gedichtband gleichen Namens.

Hebbeltheater, Stresemannstraße 29.
Ehemaliges „Theater in der Königgrätzer Straße".
1908 von Architekt Oskar Kaufmann gebaut, 1909 mit Hebbels „Maria Magdalena" eröffnet. Von 1945 bis zur Wiedereröffnung des Schiller-Theaters 1951 spielte hier das Städtische Schauspiel.

Heimatmuseum Kreuzberg, im Künstlerhaus Bethanien am Mariannenplatz.
Gehört zum Kunstamt Kreuzberg, beherbergt u. a. Werke von Hans Baluschek und eine große Sammlung (365 Werke) von Erich Büttner.

Kino-Museum, Großbeerenstraße.
Vorführung historischer deutscher Filme.

Der Kreuzberg.
66 m hoch, die höchste natürliche Erhebung West-Berlins. Erst ab 1821, als das Schinkelsche Nationaldenkmal mit dem „Eisernen Kreuz" auf der Spitze errichtet wurde, heißt er Kreuzberg. Vorher hieß er **Götzes** oder **Runder Weinberg,** auf dem tatsächlich bis 1740 in erheblichem Umfang Wein angebaut wurde. Berlins Volkspoet Adolf Glaßbrenner hat ihn in seiner „Berliner Wein-Karte" u. a. beschrieben: „Wenn man een eenziges Achtel über de Fahne jießt, so zieht sich det janze Rejement zusammen."
Weiter wird aus der Geschichte des Kreuzbergs überliefert, daß im Jahre 1525, als der Astrologe Johann Carion den Untergang von Berlin und Cölln für den 15. Juli ankündigte, der brandenburgische Kurfürst Joachim I. sich mit Familie, Hofgesinde und aller beweglicher Habe auf den „Tempelhofer Berg" flüchtete, um sich zu retten. Erst auf Bitten seiner Frau, sich gemeinsam mit den Untertanen in Gottes Willen zu schicken, soll er umgekehrt – und in ein Unwetter geraten sein, in dem unter dem Schloßtor Pferde und Pferdeknecht der fürstlichen Karosse von einem Blitz erschlagen worden seien.

Kunstfilmkino Tali, Kottbusser Damm 22.
Vorwiegend Filme mit politischem Akzent.

Künstlerhaus Bethanien, am Mariannenplatz.
Theateraufführungen, z. B. der „Zentrifuge" und der „Berliner Theatermanufaktur".

Schaubühne am Halleschen Ufer, Hallesches Ufer.
1962 in einem Saal der Berliner Arbeiterwohlfahrt unter der Leitung von Jürgen Schitthelm und Klaus Weiffenbach gegründet.
1970 Einrichtung eines kollektiven Theaters, mit Mitbestimmungsrecht aller Beteiligten unter der künstlerischen Leitung von Peter Stein und Claus Peymann. Neben anderen Regisseuren war es hauptsächlich Peter Stein, dessen kontinuierliche Arbeit mit dem Ensemble dem Theater eine im deutschsprachigen Raum einmalige künstlerische Bedeutung gab. Da die jetzigen Räumlichkeiten für technisch aufwendigere Inszenierungen nicht ausreichen, hat der Senat beschlossen, mit dem Mendelsohn-Bau, dem früheren „Kino Universum" am Lehniner Platz, der „Schaubühne" ein neues Theater zur Verfügung zu stellen. Die Umbauten sollen bis 1978 abgeschlossen sein.

August Scherl, 1849–1921, Zeitungsverleger, Begründer des Scherl-Verlags.
Grab: Luisenstädtischer Friedhof, Bergmannstraße 48–50.

Gustav Stresemann, 1878–1929, Reichskanzler und Außenminister der Weimarer Republik.
Grab: Luisenstädtischer Friedhof, Bergmannstraße 48–50.
Das Grabmal schuf Hugo Lederer.

Yorck-Kino, Yorckstraße (gegenüber dem Rathaus).
In Zusammenarbeit mit dem Kunstamt Kreuzberg, das sich das Bestimmungsrecht mit dem Kinobesitzer teilt, soll dort ab April 1977 der „gute populäre Film" mit hoher Qualität unter dem Gesichtspunkt der Unterhaltung seinen Platz haben.

8 Tiergarten

Die **Siegessäule** mit ihrer goldenen Göttin an der Spitze wächst aus dem Rondell im Großen Stern. Bis 1938 stand sie noch, zusammen mit Bismarck, Moltke und Roon, auf dem Platz der Republik vor dem Reichstag. Rot stehe sie auf dem Abreißkalender, meinte Walter Benjamin, „schon am ersten Sedanstage hätte man sie abreißen sollen".

Abgesehen vom Sedanstag und von allen den Kampftagen von 1864, 1866 und 1870/71, an die sie erinnern soll, und die inzwischen längst hinter ganz andere Tage zurückgesunken sind: — man würde das glitzernde Geflügel im Haar der Tiergartenbäume denn doch vermissen. Und es gibt keinen Punkt, von dem aus du den Bezirk Tiergarten so gut überblicken kannst, und an dem du obendrein eine so gute Sicht über das Brandenburger Tor hinweg ins abgesperrte ‚Berlin-Mitte' hast, wie vom Balkon unter dem belächelten steifen ‚Engel'.

Es ist der Morgen der Denkmäler, die starr, graziös, ewigkeitstoll, anspruchsvoll und nur selten verschämt aus dem Tiergarten-Quartier durch die Luft sausen:

Mit Blick nach vorn fliegen Moltke und Roon empor, mit gewaltigem Aufwand und allegorischem Nebenpersonal der Fürst Bismarck, sie alle sind hier am Großen Stern zu Hause, — unter den Tiergarten-Bäumen kommen, weniger aufwendig, Richard Wagner und andere Musiker zum Vorschein, — Goethe löst sich von seinem isolierten Standort an der Mauer, aus dem man ihn längst in City-Nähe hineinziehen will, — die Quadriga schwirrt auf vom Brandenburger Tor, und das auf westlicher Seite von russischen Posten bewachte sowjetische Ehrenmal zieht, mit seinen Tanks, schwer nach, — da segelt auch die Liegende von Moore ab von der Akademie der Künste, und Calder flattert weg aus seiner Verankerung an der National-Galerie, — Rosa Luxemburg hat *kein* Denkmal an der Corneliusbrücke am Landwehrkanal, wo man sie aus dem Wasser zog, aber ein Liebespaar setzt sich dort in der Nähe ans Ufer und die Enten fliegen, — und der Steinbockfelsen fliegt und das Nilpferd Knautschke fliegt mit aus dem Zoo, aber noch mehr, ob nun zu Recht oder zu Unrecht, Denkmalverdächtiges macht diese Gegend aus: Die großen leeren einstigen Gesandtschaften, nicht von ungefähr die von Japan und von Italien vor allem, liegen als Denkmals-Ruinen mit verwilderten Gärten gefährlich-schläfrig an der Tiergartenstraße mitten im Auto-Strich, 1938 und 1940/41 wurden sie gebaut, sie standen nur kurze Zeit, da war ihr Glanz dahin, die dänische und die jugoslawische Gesandtschaft, die spanische Botschaft liegen als monumentale Hüllen nicht weit ab, — und so faszinierend ein Herumstreunen auf diesen Katakomben-Geländen des Tiergartens zwischen Potsdamer Platz und Hilton-Hotel auch ist, — hier warten Aufgaben auf Bauherrn und Baubehörde, auf Stadtplaner, Städtebauer und Architekten, die nicht durch Monumental-Schlagworte wie ‚autogerechte Stadt' oder ‚Brutalismus' oder ‚Kulturzentrum' zu lösen sind, die vielmehr, wie Hans Scharoun sagte, den ‚Ort' und die ‚Örtlichkeit', das ‚Hier' und das ‚Warum' zu bedenken geben. — Das gilt auch für die Region vom Kemperplatz bis zum Lützowplatz und weiter in den ehemaligen Alten Westen hinein, von dessen Charme es nur noch wenige Reste, z. B. in der Maienstraße, gibt.

Morgendliche Denkmals-Dämmerung: Die Beton-Schale der Kongreßhalle, die ‚schwangere Auster' der Berliner, feiert In den Zelten, wo einst die Bierhallen und Weinetablissements, die Gartenlokale und Sommerwirtschaften florierten; und wo Bettina von Arnim wohnte, In den Zelten Nr. 5, die unbequeme Autorin, die dem alten Goethe koboldhaft auf die Nerven ging und die den König von Preußen mit einem aufmüpfigen Buch schreckte: ‚Dies Buch gehört dem König', — sie verunsicherte sein Gottesgnadentum.

Und der **Potsdamer Platz!** Das heißt, was von ihm noch übrig ist, von dem verkehrsreichsten Platz des Berlin vor dem Zweiten Weltkrieg: ein Blick von der Holz-Balustrade übers Niemandsland, und am Rand die Erinnerung an zwei damals berühmte Etablissements, an das ‚Esplanade', das als Restbestand auf westlicher Seite noch vorhanden ist, und an das ‚Haus Vaterland', das noch vor kurzem als hohläugiges Gespenst über den abgeräumten Platz schielte, an der Köthener Straße, und das jetzt abgerissen ist. — Esplanade: das war ein konspirativer Ort für die Aufständischen des 20. Juli 1944, — es lag in der Nähe der Bendlerstraße, dem Sitz des Oberkommandos der Wehrmacht, und von Heer und Marine; jetzt heißt sie Stauffenbergstraße. Das ‚Eplanade' war eine Zeitlang das geheime Hauptquartier Goerdelers, der nach Hitlers Beseitigung Reichskanzler werden sollte; dort trafen sich mit ihm u. a. die Verschworenen Kleist, von der Schulenburg, Hammerstein.

Mit einem Blick über die Grenzbarrieren siehst du hinter dem Sperrgelände einen sargdeckelähnlichen Hügel: die Reste des ‚Führerbunkers'. Am 20. April 1945 erreichten die Spitzen der Roten Armee das Stadtgebiet von Groß-Berlin. Es folgte ein zwölftägiger Straßenkampf. Am 30. April beging Hitler im ‚Führerbunker' Selbstmord. Zwei Tage danach kapitulierten „die in Berlin stationierten Einheiten der deutschen Wehrmacht in einer Trümmerwüste mit etwa 75 Millionen Kubikmeter Schutt". Der Aufruf des Befehlshabers des Verteidigungsbereichs Berlin, General Weidling, vom 2. Mai 1945 beginnt: „Am 30. 4. hat der Führer uns, die wir ihm die Treue geschworen hatten, im Stich gelassen. Auf Befehl des Führers glaubt Ihr noch immer, um Berlin kämpfen zu müssen, obwohl der Mangel an schweren Waffen, an Munition und die Gesamtlage den Kampf als aussichtslos erscheinen lassen." Er endet: „Im Einvernehmen mit dem Oberkommando der sowjetischen Truppen fordere ich Euch daher auf, sofort den Kampf einzustellen." —

Denkmalgesättigt ist die ‚Straße Unter den Linden', drüben in Berlin Mitte. Du siehst, von der Siegessäule aus, die Wiederherstellung links und rechts der ‚Prachtstraße' vor dir. Zuerst einmal das am 13. August 1961 verriegelte Brandenburger Tor. Unmittelbar hinter dem Tor, am ‚Dreieck', dem späteren Pariser Platz, ist am Ende des 18. Jahrhunderts im Haus seiner Großmutter Achim von Arnim aufgewachsen, von dem der tolle Invalide auf dem Fort Ratonneau stammt und der Ausspruch, mit einem beschränkten Leben am Rand der Gesellschaft müsse es bezahlt werden, wenn sich „ein Talent aus der alten preußischen Mondierung durcharbeitet".

Du siehst: die Komische Oper, und der Reihe nach aufgeblättert das ‚Lindenforum': die Staatsbibliothek und die Staatsoper, die Alte Bibliothek oder ‚Kommode', und das Alte Palais, dann das jetzige Operncafé, das einst Prinzessinnenpalais hieß, und das jetzige Palais Unter den Linden, Gästehaus des Magistrats, das einst das Kronprinzenpalais war. Scharnhorst, Blücher, Yorck und Gneisenau stehen vor dem Operncafé. Du siehst die Humboldt-Universität, die Neue Wache, die jetzt Mahnmal heißt, dahinter die Singakademie, das jetzige Maxim-Gorki-Theater. Du siehst das Zeughaus, jetziges Museum für deutsche Geschichte, — und an der Stelle des 1950 abgerissenen beschädigten Königlichen Schlosses steht der Palast der Republik. Kirchen: die Hedwigs-Kathedrale, die Marienkirche, der Dom. Blickfang und dortige Rundblickmöglichkeit: der **Fernsehturm am Alexanderplatz.**

1822 promenierte Heinrich Heine Unter den Linden:

Welch' schöne Federhüte!
Welch' schöne Türkenschawls!
Welch' schöne Wangenblüte!
Welch' schöner Schwanenhals!

Wachablösung Unter den Linden, Stechschritt. Heine könnte heute genug von *denen* finden in Berlin, von denen er *damals schon* genug hier fand: „Der Kerl gehört nicht zu den Leuten", bemerkt er bei seiner Linden-Promenade, „die das Pulver erfunden haben, sondern zu denen, die es gebrauchen, d. h. er ist Militair." — Eine Gedenkminute nicht nur für Heine, sondern auch für seine gegenwärtigen Kollegen, für Bobrowski und Huchel, für Biermann und Sarah Kirsch, für Christa Reinig, Jurek Becker, Günter Kunert, Bernd Jentzsch, für Reiner Kunze, — und, — und, — und, — hüben und drüben, freiwillig und unfreiwillig, wem zu sprechen gegeben und wem es nicht gegeben ist. Denkmäler und Entdenkmalisierer. Inkonsequent? Heinrich Heines Eindruck bei der Rückkehr in Deutschland: „Bei dem ersten ‚Werda!' ruf' ich: Alle guten Geister loben Gott."

Am Kemperplatz, nun wieder diesseits der Mauer, siehst du die schön geschweifte Scharoun'sche Philharmonie, siehst die neue Staatsbibliothek und die Mies van der Rohe'sche Nationalgalerie, — ganz in der Nähe dort auch die Matthäus-Kirche, Gottfried Kellers ‚Polka-Kirche', die heute wieder so aussieht wie auf den alten Stichen des 19. Jahrhunderts. Der zu ihr gehörende Friedhof lag ziemlich weit ab im Süden, in den Feldern, und so ist es nicht verwunderlich, daß die Gräber des ‚Geheimratsviertels' auch heute noch dort, in Schöneberg, in der Nähe des Kleistparks, zu finden sind, — im Alten Friedhof der St.-Matthäi-Gemeinde. — Vergiß nicht den Reichstag, links vom Brandenburger Tor, auf der westlichen

Seite. Am 9. November 1918 wurde dort die Republik ausgerufen, am 27. Februar 1933 ging er in Flammen auf, und, gleichsam mit ihm, die Republik. In reduziertem Zustand, ohne die Kuppel, ist er restauriert. — Vergiß nicht die Akademie der Künste, arbeitswütig liegt sie im Hansa-Viertel! — Dort, hinter dem Schloß Bellevue, geht der grüne Teil von Tiergarten über in den ziegelroten, in Moabit.

Ein liebenswürdiger Denkmals-Dämmerungs-Morgen. Im April 1945 aber sah es hier um die Siegessäule apokalyptisch aus. Da lagen die Köpfe der marmornen Heroen der ,Siegesallee' mit zerbrochenen Hälsen auf der Straße und der Park war zerfetzt. Das war das Ende der Siegesallee Wilhelms II., bezahlt aus seiner ,Privatschatulle' und ausgestattet mit 32 aufwendigen Standbildern der Fürsten Brandenburgs und Preußens, ,begleitet von je 2 für ihre Zeit charakteristischen Männern, sei er Soldat, Staatsmann oder Bürger'. Hitler hatte zuvor die Allee ,gedreht', aus der Richtung Reichstag-Kemperplatz in die Richtung zum Großen Stern. 1947 wurde der Rest der Denkmals-Galerie abgeräumt: einige wurden zerstört, einige sind geborgen, einige sind vergraben. Der Park wurde umgepflügt, und es wurden Kartoffeln und Kraut angepflanzt. Dann wurde es wieder ein Park, aber ohne den Marmor-Aufwand. —

In Alt-Moabit, in der Stromstraße und rund um das Kriminalgericht spürst du Moabit. Straßen- und Einwohnernamen erinnern an Emigranten-Wellen: Wiclef-Straße, Waldenser-Straße, — und Hugenottennamen an den Geschäften. Industrie prägte Moabit, und der Großmarkt, und in den späten zwanziger Jahren flackerten hier die offenen und versteckten und tödlichen Kämpfe zwischen Links und Rechts, im Westhafen, im Beusselkietz. — In den alten Moabiter Vorder- und Hinterhäusern mit ihren abgeschlagenen Stuckfassaden und abbröckelnden Stuckzimmern, mit den Silhouetten hagerer Bäume zwischen den Hinterhofmauern finden sich, heute, nicht-die-unbequemsten Studentenbuden, und ankommende Emigranten von heute, die wenig mitbringen, haben hier in Moabit Quartier und ersten Halt gefunden. So gibt es viele kleine Separat-Höhlen in Moabit,die sich einander mitteilen, durch Ortsluft, Ortsgeist, Ortskolorit. — Du siehst aus dem Auslug, morgens: die Höfe noch farblos-grau, aber ein dunkelvioletter Himmel ist darüber, lila-blauschwarz und rosa. Ein Morgen der Denkmäler? Der Himmel wird heller. Die Stadt wird belebter. Es stellt sich schnell das gewohnte Verbindungsnetz her.

BULLEN MIT DEM SENDER AUS DEM HAUS
SIE WERDEN KÖRPERLICH MIT SENDERN
ES HERRSCHT TERROR IN DEUTSCHLAND

WARNING
END OF BRITISH SECTOR
YOU ARE FORBIDDEN
TO PROCEED BEYOND
THIS POINT
ENDE DES
BRITISCHEN SEKTORS

Potsdamer Platz 1929

Die Gewißheit, echte Freunde zu haben
Das Glück, das man zu Hause findet
...besiegeln wir's mit Kindl Pils

ACHTUNG

BVG
ausgenommen
BVG

CARAVAN - VOIGT
KNAUS

EINGANG

IST LEBEN
Joseph-Haydn-

BERLIN
BERLIN
BRÜCKENWART

Berliner Stadtgrenze
Grenze Berlin (West)- Berlin (Ost)
Bezirksgrenze
Ortsteilgrenze
REINICKENDORF
28 Frohnau
27 Heiligensee
27
Hermsdorf
28 Lübars
28 Waidmannslust
26
Konradshöhe
Tegel
27 Wittenau
51
Reinickendorf
27
52
20
Spandau
Haselhorst 20
Siemensstadt 13
13
Staaken 20
SPANDAU
20
WEDDING 65
TIERGARTEN 21
30
10
CHARLOTTENBURG
19
12
Gatow 22
Kladow 22
Grunewald 33
WILMERSDORF
Schmargendorf 33
Wilmersdorf 31
15
SCHÖNEBERG
Schöneberg 62
Friedenau 41
33
Dahlem 33
Nikolassee
ZEHLENDORF 37
Zehlendorf
38
Wannsee 39
Steglitz 41
STEGLITZ
45 Lichterfelde
Lankwitz 46
TEMPELHOF
42 Tempelhof
42 Mariendorf
48 Marienfelde
49 Lichtenrade
KREUZBERG 61
36
Neukölln 44
Britz 47
NEUKÖLLN
47 Buckow
Rudow 47
PANKOW
1108 Blankenfelde
Buch 1115
Buchholz 1113
Karow 1116
1106 Rosenthal
Niederschönhausen 111
Blankenburg 1114
110 Pankow
Heinersdorf
Malchow 1129
Wartenberg 1127
Falkenberg
WEISSENSEE
Weissensee 112
Hohenschönhausen 1125
Marzahn 1146
1071 PRENZLAUER-BERG 1058
1055
1018
104 MITTE 108
1054
102
1034 FRIEDRICHSHAIN
1035
1017
Lichtenberg 113
Friedrichsfelde 1136
Kaulsdorf
LICHTENBERG
Biesdorf 1138 114
Mahlsdorf 115
1134 Karlshorst 1157
Treptow 1193
Baumschulenweg 1195
Oberschöneweide 116
119 Niederschöneweide
TREPTOW
Johannisthal 1197
Adlershof 1199
Altglienicke
1185 Bohnsdorf
Grünau 118
117 Köpenick
1162 Friedrichshagen
Rahnsdorf 1165
KÖPENICK
1168 Müggelheim
Schmöckwitz 1186

Tiergarten

Architektur und Städtebau

Akademie der Künste, Hanseatenweg 10.
1960 von Werner Düttmann aus Spendenmitteln des Deutsch-Amerikaners Henry Reichhold erbaut.
Sie umfaßt drei miteinander verbundene Bauteile: den Ausstellungskubus mit drei Hallen, das zeltartige Studio mit dem Theatersaal und den fünfgeschossigen „Blauen Trakt" mit Atelier-, Gast- und Konferenzräumen.
Ständiges Domizil der 1950 neugegründeten Akademie der Künste mit den Abteilungen Bildende Kunst, Baukunst, Musik, Dichtung und Darstellende Kunst sowie einem Archiv.

Arminius-Markthalle, zwischen Oldenburger- und Bremerstraße in Moabit gelegen.
Sie wurde am 1. Dezember 1891 unter der Zahl X in Betrieb genommen; sie ist neben den zwei Kreuzberger Markthallen die letzte von ursprünglich vierzehn und gilt als Schmuckstück Moabits.

Brandenburger Tor.
Wahrzeichen Berlins, ehemaliges Stadttor nach Westen und Abschluß der Straße Unter den Linden. 1788–91 nach dem Vorbild der Propyläen auf der Athener Akropolis von Carl Gotthard Langhans erbaut und mit einer Quadriga der Friedensgöttin von Gottfried Schadow gekrönt. Sie wurde 1806/07 von den Franzosen nach Paris gebracht, 1814 durch Marschall Blücher zurückgeholt, 1945 schwer beschädigt, nach den alten Formen in West-Berlin neu gegossen und 1958 auf dem von den Ostberliner Behörden restaurierten Tor wieder aufgestellt. Seit dem 13. August 1961 ist das Tor unpassierbar.

Englischer Garten, Teil des Tiergartens nördlich des Großen Stern.
1952 als Geschenk Großbritanniens durch Spenden mehrerer englischer Städte und des Königshauses den Berlinern übergeben als eine „Oase" englischer Gartenbaukunst.

„Esplanade", Bellevuestraße 17, zwischen Kemper- und Potsdamer Platz.
1908 als „Adelshotel" und als Örtlichkeit für die Herrenabende Wilhelms II. erbaut (Kosten: 25 Millionen Goldmark). Das Haus hatte 400 Gästezimmer, jedes mit fließend Warmwasser und Telefon, und über 250 Badezimmer.
1944 ist es, bis auf die Ballsäle und Wirtschaftsräume, fast völlig zerstört worden, aber schon 1950 wurde das „Esplanade", zwar stark dezimiert und ohne Logis, wieder eröffnet. Jetzt fanden hier vor allem die Film- und Tanzstundenbälle, Kongresse und Konzerte statt. Nach dem Mauerbau 1961 hörten die Bälle und Geselligkeiten ganz auf.
Heute wird es wieder als Hotel geführt.

Europa-Haus, am Schleswiger Ufer.
Architekt: Leo Brandi, der 1967 unter mehr als 3000 Architekten aus 53 Ländern den 1. Preis des Wettbewerbs der Europäischen Gemeinschaft für Kohle und Stahl zur Entwicklung industriell gefertigter Wohnungen gewann.
Nach dreijähriger Bauzeit wurde im September 1976 der erste Bauabschnitt fertiggestellt, das erste Experiment betonlosen Bauens und Modell eines zukünftigen kostensparenden Bausystems. Die 17 Wohnungen, jede mit einem hängenden Garten, lassen sich durch Verstellen der Wände individuell gestalten.

Hansa-Viertel, nördlich der Straße des 17. Juni am Rande des Tiergartens.
1955–57 als moderne Musterstadt im Rahmen der **Interbau 1957** (Internationale Bauausstellung Berlin) von 48 namhaften Architekten aus 13 Ländern errichtet, nachdem das frühere Wohnviertel aus dem Jahr 1885 im Krieg nahezu völlig zerstört und abgeräumt worden war. Die Neubauten umfassen alle wesentlichen Häusertypen vom Einfamilien- bis zum Hochhaus, 2 Kirchen, Bücherei, Schule, Ladentrakt mit Restaurant rund um den U-Bahnhof Hansaplatz.
An allen Häusern befinden sich Tafeln mit den Namen der Architekten.

Ehemalige **Japanische Botschaft** und ehemalige **Italienische Botschaft,** am Rand des Tiergartens.
Große Halbruinen aus der Zeit des Dritten Reiches, als Italien und Japan die Hauptverbündeten waren. Diese ehemaligen Repräsentativ-Bauten führen zur Zeit ein gespenstiges Dasein, bewohnt von einigen Hausmeistern, inmitten einer Gegend des „Auto-Strichs". Die Japanische Botschaft wurde von 1938–42 erbaut, schon im Sommer 1943 hatte sie die ersten Bombenschäden. Im jetzigen Steppengebiet des Nachbargrundstücks stand damals das Haus des Reichsarbeitsdienstes. Nicht weit entfernt, in der Graf-Spee-Straße, befindet sich die heute ebenso verwaiste **Botschaft Griechenlands.** Für das Tiergarten-Diplomatenviertel gibt es Wiederbebauungspläne des Senats, der einen Architekten-Wettbewerb ausschreiben ließ.

Kongreßhalle, John-Foster-Dulles-Allee 10.
Eine Stiftung der USA (Benjamin-Franklin-Foundation) als Beitrag zur Internationalen Bauausstellung 1957. Erbaut 1956/57 nach Plänen von Hugh A. Stubbins in Verbindung mit Werner Düttmann und Franz Mocken (†).
Sie umfaßt den großen Konferenzsaal mit 1264 Plätzen und der Fünf-Sprachen-Simultanübersetzungsanlage, den Theatersaal, das Restaurant, weitere Konferenz- und Büroräume, ein Postamt und die Bibliothek. 1958 übernahm der Senat die unter Denkmalschutz stehende Kongreßhalle als Geschenk.

Kriminalgericht, Turmstraße.
Das alte Kriminalgericht wurde in den Jahren 1876–81 errichtet und war bis zu seiner völligen Zerstörung im II. Weltkrieg eines der Wahrzeichen Moabits. Der bald nach dem ersten Bau notwendig gewordene Erweiterungsbau (das heutige Kriminalgericht), der von 1902–06 an der Turmstraße erbaut wurde, blieb im Krieg erhalten und fungiert, nach etlichen Erweiterungs- und Ergänzungsbauten auch heute als **das** Berliner Gericht für alle Strafsachen.

St.-Matthäus-Kirche, auf dem Matthäikirchplatz zwischen Nationalgalerie und Philharmonie.
Unter Friedrich Wilhelm IV. 1844–46 von dem Architekten August Stüler im spätklassizistischen Stil erbaut.
Die damalige Bezeichnung „des lieben Gottes Sommervergnügen" und die auch von Gottfried Keller erwähnte Bezeichnung „Polkakirche" lassen auf ihre Beliebtheit im vorigen Jahrhundert schließen. Nach fast hundertjährigem Bestehen ist sie noch in den letzten Kriegstagen zerstört worden. Sie wurde 1958 originalgetreu wiederaufgebaut und am 29. Mai 1960 durch Bischof Dibelius eingeweiht.

Moabit.
Ortsteil des Bezirks Tiergarten. Hier siedelten sich 1715 die ersten Hugenotten an und wählten für ihre neue Heimat einen biblischen Namen: „Moabiter Land" (4. Moses 22, 1: „Darnach zogen die Kinder Israel, und lagerten sich in das Gefilde Moab, jenseits des Jordans, gegenüber Jericho").
Nach Einsetzen der Industrialisierung in der Mitte des 19. Jahrhunderts wuchs die Bevölkerung rasch an. Berühmtheit erlangte Moabit durch sein Kriminalgericht. Im Gefängnis Lehrter Straße schrieb Albrecht Haushofer die „Moabiter Sonette"; am 23. April 1945 wurde er dort erschossen.
Mit Moabit aber verbindet man auch die Großmarktatmosphäre, dessen Mittelpunkt auch heute noch die schöne Arminius-Markthalle ist.

Nationalgalerie, Potsdamer Straße 50.
Als Museum für die Kunst des 20. Jahrhunderts 1965–68 von Ludwig Mies van der Rohe erbaut. (Bis 1968 waren die Bestände in der Orangerie des Schlosses Charlottenburg ausgestellt). In dem 50 × 50 m großen Glaspavillon finden jeweils wechselnde Ausstellungen moderner Kunst, aber auch musikalische Veranstaltungen (z. B. während des Metamusik-Festivals) statt.
Das Museum liegt im Untergeschoß unter der Erde. Vertreten sind Werke des 19. und 20. Jahrhunderts. Als Dauerleihgabe der Stadt ist die **„Galerie des 20. Jahrhunderts"** eingegliedert.
Den Skulpturengarten mit modernen Plastiken betritt man vom Untergeschoß aus. An Sommerabenden finden hier die Konzerte „Jazz in the garden" statt.
Die Nationalgalerie gehört zu den „Staatlichen Museen Preußischer Kulturbesitz".

Staatsbibliothek, Potsdamer Straße 33.
1967 erfolgte die Grundsteinlegung für diesen Bau nach dem Entwurf von Hans Scharoun.

JUNO
bitte
B-HZ 96

Schultheiss Bier

ZUR
Linde
PILSNER

heiss

OPTIK

alles für die dame

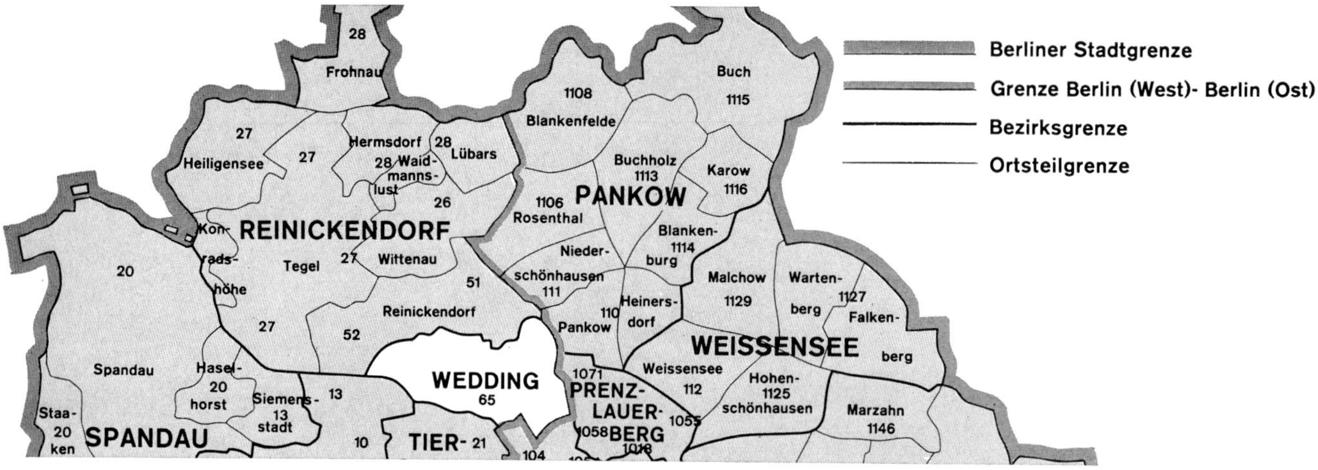

Wedding

Architektur und Städtebau

AEG-Eingangsportal, Brunnenstraße.
1891 von Franz Schwechten entworfen.

„Afrikanisches Viertel", am Rande des Volksparks Rehberge.
Erhielt seine afrikanischen Länder-Straßennamen durch die von Karl Hagenbeck noch vor dem ersten Weltkrieg beabsichtigte Errichtung eines Tierparks auf dem Gelände der Rehberge. Durch den Krieg wurde nichts daraus, die Straßen in der Umgebung aber hatten bereits die Namen der afrikanischen Länder und Kolonien erhalten, aus denen Hagenbeck Tiere für seinen Zoo heranholen wollte.

Alte Nazarethkirche, auf dem Leopoldplatz.
1832–35 von Karl Friedrich Schinkel im Stil einer altchristlichen Basilika erbaut. Die unter Denkmalschutz stehende Kirche dient heute als Gemeindehaus. Die Gottesdienste finden in der benachbarten „Neuen Nazarethkirche" statt, einem neugotischen Backsteinbau von 1891.

Friedrich-Ebert-Siedlung, im „Afrikanischen Viertel" zwischen den Rehbergen und der Müllerstraße.
1929–31 von den Architekten Bruno Taut, Paul Emmerich und Paul Mebes erbaut. Kleinwohnungen in viergeschossigen Zeilenbauten.

Gesundbrunnen.
Ortsteil des Bezirks Wedding. Seinen Namen erhielt er nach einer Heilquelle auf der Südseite der Panke, die Friedrich I. 1710 entdeckte, als ihm eine Müllerin daraus zu trinken gab. Es wurde ein Bade- und Kurort für rheumatische Krankheiten und Augenleiden geschaffen, der 1809 Luisenbad genannt wurde nach Königin Luise, die häufiger zu Besuch war. Im Zuge der Industrialisierung wurde die Quelle bei Bauarbeiten verletzt und versiegte. Die Quellenfassung ist im Keller des Hauses Badstraße 39 noch erhalten.

Kleinmotorenfabrik der AEG, an der Voltastraße.
1914 von Peter Behrens erbaut, der vorher schon die **Hochspannungsfabrik** und später auch die **Montagehalle** der AEG errichtete.

Rathaus Wedding, Müllerstraße 146/147.
Besteht aus einem alten Gebäudeteil (1928–30 von Martin Wagner als reiner Zweckbau konstruiert) und einem damit verbundenen 9-geschossigen Neubauteil (1962–64 nach Entwurf von Fritz Bornemann erbaut).

Rudolf-Virchow-Krankenhaus, Augustenburger Platz 1.
1899–1906 nach den Plänen des Berliner Stadtbaurats Ludwig Hoffmann und nach Vorstellungen Rudolf Virchows als eine Art Gartenstadt angelegt.

St.-Pauls-Kirche, Pank-/Ecke Badstraße.
1832–35 nach einem Entwurf Karl Friedrich Schinkels im römisch-klassizistischen Tempelstil errichtet. Der im Krieg teilweise zerstörte Bau wurde 1957 wiederhergestellt und im Inneren modernisiert.

Siedlung Schillerpark, Bristolstraße, Oxfordstraße.
1924–28 von Bruno Taut erbaut. Verschiedene Bauabschnitte mit differenzierter Fassadengestaltung. Die Rohziegelbauten an der Bristolstraße sind 1928 entstanden. 1954 wurde der Wohnkomplex durch Bauten von Hans Hoffmann erweitert.

Swinemünder Brücke, Swinemünder Straße.
1905 als Stahlkonstruktion errichtet. Die Kosten überschritten erstmalig bei einem Berliner Brückenbau die Summe von einer Million Goldmark. Daher wird sie auch „Millionenbrücke" genannt.

Wedding.
Ehemaliges Dorf, heute Stadtbezirk. De Weddinge hieß eine Familie und nach ihr ein Hof und vermutlich ein kleines Dorf in der Nähe der heutigen Weddingstraße, das 1251 erstmals urkundlich erwähnt ist, und das 1289 vom Markgrafen Otto V. der Stadt Berlin geschenkt wurde.
Im 19. Jahrhundert setzte die Industrialisierung ein: 1803 entstand die königliche Eisengießerei, 1818 ein Straßennetz (wichtigste Straße war die Tegeler Chaussee, seit 1827 – nach 19 Windmühlen – Müllerstraße genannt), 1836 Borsig, 1851 Schering, 1852 Schwartzkopff, 1859 der Spandauer Schiffahrtskanal, 1887 die AEG, und viele andere Firmen und Fabriken. 1920 wurde Wedding eigener Bezirk der Großgemeinde Berlin.

Wohnanlage Versöhnungs-Privatstraße, Hussitenstraße 4–5, Strelitzer Straße 43.
1903/04 vom königlichen Baurat und Dombaumeister Schwartzkopf für den Vaterländischen Bauverein zu Berlin errichtet. Das Besondere an der Wohnanlage: Die einzelnen Höfe wurden historischen Stilformen vom 12.–19. Jahrhundert nachempfunden.

Wohnhäuser, Stockholmer Straße.
1931 von Hugo Häring erbaut.

Wohnkuben, Afrikanische Straße 14–41.
1926/27 von Ludwig Mies van der Rohe im Stil der „Neuen Sachlichkeit" erbaut.

Literatur

Albert Emil Brachvogel, 1824–1878, Dramatiker.
Lebte 1848–56, dann wieder ab 1871 in Berlin.
Grab: Domkirchhof II, Müllerstraße 72/73.

Paul Gurk, 1880–1953, Schriftsteller.
Lebte seit 1885 in Berlin und wohnte ab 1935 in der Afrikanischen Straße 144 b (Gedenktafel).
Grab: Domkirchhof II, Müllerstraße 72/73.

Arno Holz, 1863–1929, Schriftsteller.
Lebte seit 1875 in Berlin und wohnte in der Reinickendorfer Straße 5.

Jonny Liesegang, 1897–1961, Schriftsteller und Journalist.
Zusammen mit dem Arztautor Karl Matzdorff populärer Verfasser von Skizzen aus dem Weddinger Alltag: „det fie! mir uff", „da liegt Musike drin".
Wohnte vor dem Krieg in der Pankstraße, nach 1945 in der Afrikanischen Straße 146.

Karl Matzdorff, 1889–1946, Arzt und Weddinger Schriftsteller.
Praktizierte im Haus Pankstraße 76 (im Krieg zerstört).

Theodor Plivier, 1892–1955, Schriftsteller.
Geburtshaus (mit Gedenktafel) Wiesenstraße 69.

Ina Seidel, 1885–1974, Schriftstellerin.
Wohnte zusammen mit ihrem hier als Pfarrer tätigen Mann Heinrich Wolfgang Seidel von 1907–14 im Weddinger Lazarusstift.

Bildende Kunst

Otto Nagel, 1894–1967, Maler und Grafiker, „Zille"-Herausgeber.
Geburtshaus (mit Gedenktafel) in der Reinickendorfer Straße 60. Atelier in der Badstraße. Während der NS-Zeit wegen kommunistischer Einstellung Malverbot und KZ-Haft. Nach dem Krieg Präsident der Ostberliner Akademie der Künste.

Sascha Wiederhold, 1904–1962, Maler.
Studierte ab 1924 an der Berliner Hochschule für Bildende Künste bei Cesar Klein.
Lebte nach dem Krieg bis zu seinem Tod im Wedding.
1975 Gedenkausstellung im Weddinger Rathaus.

Musik

Freilichtbühne Rehberge, im Volkspark Rehberge.
Musikveranstaltungen (Oper, Operette) an Sommerabenden.

Kunstamt Wedding, Müllerstraße 158.
Musikveranstaltungen (Konzert, Oper, Liederabend).

Otto Nicolai, 1810–1849, Komponist („Die lustigen Weiber von Windsor").
War seit 1847 Dirigent des Domchors und Kapellmeister der Königlichen Oper Berlin.
Grab: Dorotheenstädtischer Friedhof II, Liesenstraße.

Wissenschaft

Alexander von Humboldt, 1769–1859, Naturforscher, Universitätslehrer.
Um 1800 setzten sich die Brüder Humboldt dafür ein, daß der alte Heerweg nach Ruppin „Ruppinscher Bierweg", zur „Kunststraße" ausgebaut wurde. Es entstand die Müllerstraße mit 19 Mühlen, von denen heute keine mehr steht.
Gedenkstein aus märkischen Findlingen 1883 für Alexander von Humboldt im Humboldt-Hain errichtet.

Robert Koch, 1843–1910, Arzt und Bakteriologe.
Im **„Robert-Koch-Institut"** am Nordufer befinden sich ein Museumsraum und ein Mausoleum, in dem die Urne mit der Asche Robert Kochs beigesetzt ist.

Robert-Koch-Institut für Infektionskrankheiten, am Nordufer.
Das 1891 von Robert Koch begründete Institut wurde 1900 in das neuerbaute Gebäude am Nordufer verlegt. 10 Jahre lang war es die Hauptarbeitsstätte Robert Kochs. 1961 wurde das Gebäude neu gestaltet und modernisiert. Das heute vom Bundesgesundheitsamt verwaltete Institut ist die zentrale Bundesanstalt zur Erforschung von Infektionskrankheiten.

Paul Nipkow, 1860–1940, Ingenieur; „Erfinder des Fernsehens".
Erfand das „elektrische Teleskop" und die Nipkow-Scheibe, ein Instrument zur Zerlegung und Zusammensetzung von Fernsehbildern. Er wohnte in der Uferstraße an der Panke.

Sonstiges

Dorotheenstädtischer Friedhof II, Liesenstraße.
Auf dem 1834 angelegten Friedhof ruhen prominente Berliner, u. a. die Zirkusdirektoren Paul Busch, Ernst Renz, Albert Schuhmann, der Komponist Otto Nicolai, der Konditoreibesitzer Alfred Kranzler.

Heimatarchiv Wedding, Ruheplatzstraße.
Großfotos, Stiche, Karten und andere Exponate geben einen Überblick über Vergangenheit und Gegenwart des Bezirks.

Humboldthain, an der Brunnenstraße.
Zum 100. Geburtstag Alexander von Humboldts 1869 wurde der Grundstein zu diesem Park gelegt. Die Leitung der Arbeiten hatte Gartendirektor Gustav Meyer. Nach der völligen Zerstörung durch den II. Weltkrieg begann man 1948 mit der Trümmeraufschüttung um den Flakbunker herum, der nicht gesprengt werden konnte. Am Fuße des Berges (**Humboldthöhe** genannt), der mit seinen 85 Metern Höhe einen großen Rund- und Weitblick über den Berliner Norden gestattet, wurde ein Rosenschaugarten mit 18 000 Pflanzen eingerichtet.

Karl Liebknecht, 1871–1919, Politiker.
Wohnte Anfang 1900 in der Kaiser-Wilhelm-Straße 19 (seit 1945 nach ihm benannt).
Zu dieser Zeit bekämpfte die Arbeiterschaft das Dreiklassenwahlrecht, das z. B. vorsah, daß die Hälfte der Stadtverordneten Hauseigentümer sein mußten, eine Maßnahme besonders gegen die Sozialdemokraten. Der wohlhabende Sozialdemokrat Hugo Heimann übertrug deshalb das Grundstück Prinzenallee 46 a mit acht schmalen Häusern auf Gesinnungsgenossen, um sie ins Stadtparlament zu bringen (Volksmund: „die roten Häuser"). Einer der neuen Hausbesitzer war auch Karl Liebknecht.

„Onkel Pelle" Adolf Rautmann, 1863–1937, Schausteller.
Bekannt als Weddinger Original. Trat seit 1885 im Volkspark am Gesundbrunnen als Spaßmacher auf. Eröffnete 1906 neben dem heutigen Rathaus in der Müllerstraße einen Rummelplatz. Galt nach Einrichtung von sechs weiteren Rummelplätzen als „Rummelkönig" von Berlin.

Emil Rathenau, 1838–1915, Industrieller.
Begründete 1887 die „Allgemeine Elektricitäts-Gesellschaft" (AEG). Die ersten Fabriken wurden nach Plänen des Industriearchitekten Peter Behrens am Gesundbrunnen errichtet, wo sich auch heute noch der größte der drei Weddinger Werkkomplexe befindet.
Als ältestes AEG-Werk steht hier das „Kleinstmotorenwerk", das schon 1888–90 von Franz Schwechten und Paul Tropp erbaut wurde.
Nach dem Tode Emil Rathenaus wurde sein Sohn Walther, der 1922 ermordete Außenminister der Weimarer Republik, Präsident der AEG und damit Leiter der Weddinger Stammfabriken.

Ernst Schering, 1824–1889, Chemiker, Begründer des Chemiekonzerns Schering-A.G.
Begann seine Karriere als Apotheker in der Chausseestraße.
1864 gründete er in der Müllerstraße eine Arzneimittelfabrik, die noch zu seinen Lebzeiten in eine Aktiengesellschaft umgewandelt wurde.
Das Werk im Wedding ist bis heute das Zentralunternehmen der Schering-Gruppe.

Schillerpark, an der Edinburger Straße.
1909–13 von Gartenarchitekt Friedrich Bauer angelegt. Auf der höchsten ehemaligen Sanddüne des Geländes wurde die elf Meter hohe Terrasse mit dem „Schillerhain" (verpflanzte Eiche aus Schillers Geburtsstadt Marbach) errichtet. Nahebei steht ein Abguß des Schillerdenkmals von Reinhold Begas.

Louis Schwartzkopff, 1825–1892, Industrieller, Pionier des Lokomotivbaus.
1852 gründete er in der Chausseestraße 20 eine Eisengießerei und Maschinenfabrik. Ab 1867 Fabrikation von Lokomotiven, die ab 1869 im Werk in der Scheringstraße hergestellt wurden. Auf diesem Gelände arbeitet auch heute noch die Fabrik „Berliner Maschinenbau AG, vormals L. Schwartzkopff".

Städtischer Urnenfriedhof, Gerichtstraße.
Das zum Friedhof gehörende Krematorium, das 1910–12 von William Müller entworfen wurde, war das erste Gebäude in Preußen, in dem Feuerbestattungen stattfanden.

Wilhelm Voigt, Schuhmacher und **„Hauptmann von Köpenick".**
Ausgangsort seines berühmt gewordenen Handstreichs war die „Militär-Schwimmanstalt", die sich bis 1918 am Südende des Plötzensees befand. Hier kommandierte er 1906 die Wachablösung zusammen, mit deren Hilfe er die Stadtkasse von Köpenick beschlagnahmte.

Volkspark Rehberge.
1923–29 unter der Leitung der Gartenbaudirektoren Barth und Germer entstanden; mit 86 ha die größte Weddinger Grünanlage. Attraktion sind das Stadion Rehberge, Sport- und Spielplätze, ein Tanzplatz, ein Wildgehege und die 1935 in der Nordecke des Parks geschaffene Freilichtbühne.

Otto Witte, 1871–1958, Abenteurer, **„König von Albanien".**
Lebte lange Jahre im Wedding.

„Zuckermuseum", Amrumer Straße 32.
Das einzige in Europa; zu besichtigen nach Anmeldung bei der Verwaltung des „Instituts für Zuckerindustrie", Amrumer Straße 32. Die Sammlung wird seit 1902 laufend vervollständigt, sehenswert sind vor allem die Modelle der ersten Zuckerfabriken, historische und moderne Geräte zur Zuckergewinnung, Modelle von Zuckerpflanzen und die Schaustücke der aus Zucker gewonnenen Produkte.

10 Reinickendorf

mit den Ortsteilen Lübars, Wittenau, Tegel, Reinickendorf, Waidmannnslust, Hermsdorf, Frohnau, Heiligensee, Konradshöhe

Abends, vor dem geschlossenen Elephantentor, vermutest du einen dunklen Park hinter den Gittern, siehst ein Licht durch die Parkbäume glitzern, und du denkst an nächtliche Lese-Klausuren: wie der Lesende sich aus dem erleuchteten Fenster lehnt, wie sich dem Lesenden langsam um sein Buch rings die Welt aufbaut, wie er winzig aus seinem erhellten Fensterschlitz mit seinem Gesicht über der aufgeblätterten Buchseite hängt, ein heller Doppelfleck weithin durch die Bäume bemerkbar, — und Bäume, und Stadt, ja sogar Berge und Meer ranken aus der Buchseite und aus des Lesers Stirn. — Schließlich entdeckst du dich selber hinter dem Parkgestrüpp, als eine Erfindung des abendlichen Lesers, des Meditierers, du entdeckst dich am Schattenrand seiner Welt, eines alten, nachgedunkelten, samtfarbenen chinesischen Bilds, — da bist du mit einbezogen, verstrickt, verführt.

In der Beleuchtung des nächsten Nachmittags sieht dieser Schauplatz anders aus: ein Waldhügel, der 1924 zum **Tempelberg** gemacht worden ist. Du siehst durch die Bäume in die Frohnauer Garten- und Waldgegend, sitzst am Gemüsegarten der ceylonesischen Mönche, betrachtest Tempelinneres, Meditationshalle, einen stehenden Buddha aus Stein, einen sitzenden Buddha als Bild, redest mit einem schwarzgesichtigen, weißhaarigen Mann, — und während du auf dem Hügel sitzst, von Waldbäumen eingeschlossen, ziehst du die Gedankenfäden hinüber über Villendächer, Schrebergärten und Felder zu den Hochhäusern der Satellitenstadt. Hier auf dem Hügel sind die Mönche, — und dort ist das Märkische Viertel. Hier ist der Ort der Sanskrit-Schriften, sind die Andeutungen der geschwungenen Meditations-

Steingärten, — dort ist das Revier der Fernsehzeitungen, das Leben in betonierten, möblierten Rechtecken. Du sagst ‚Reinickendorf', und du siehst Gegensätze. Das Buddhistische Haus am Edelhofdamm in Frohnau gehört ebenso zu diesem Bezirk wie die neue Wohnstadt mit 17 000 Wohnungen und 50 000 Bewohnern.

Gegensätze: Ebenfalls in Reinickendorf, hinter den Wiesen am Tegeler Fließ, einem Rinnsal, das in den Hermsdorfer See mündet, liegt Lübars. Es ist ein Dorf, das von allen den Westberliner ‚Dörfern' den Namen Dorf ohne Anführungszeichen noch verdient. Dort gibt es Viehweiden, Pferdekoppeln, Getreidefelder, und lange Spazierwege vorbei an Sumpfwiesen und Feldrainen, — — und wenn du *dort* aufblickst, von deinen Streifzügen, siehst du: das Dorf mit der Dorfkirche und den beiden Dorfkrügen liegen, — und wenn du von dort in andere Richtungen aufblickst, siehst du: die Grenzbefestigungstürme hinter den Uferweiden, oder, von fern, die Silhouetten des Märkischen Viertels überm Weizenfeld.

Reinickendorf, kontrastreich: Das meint ausgedehnte Wälder, z. B. den Jungfernheide-Wald mit versteckten Grasmulden und Farnwedelnestern, einen Hort für Liebespaare; — den hohen und geräumigen Wald des Tegeler Forsts mit seinen summenden Waldwiesen; — das meint: den weiten Tegeler See mit seinen sieben Inseln, mit seinen Uferpromenaden; — das meint aber auch: die Borsig-Werke, die im 19. Jahrhundert-Stil sich nach außen das Gesicht einer Ritterburg gegeben haben; — das meint das großstädtische Tegel mit dem Altberliner Café Herrmann, gut für Verabredungen; — und am Tegeler See das Domizil der ‚Deutschen Stiftung für Entwicklungshilfe' auf der Halbinsel Reiherwerder.

Daß es in Tegel spukt, hat sowohl Goethe wie Gottfried Keller durchblicken lassen. Daß Tegel für gewagte Flugexperimente ein geeigneter Ort ist, weiß man spätestens seit 1930: Hermann Oberth und Wernher von Braun machten in jenem Jahr auf dem Übungsplatz des Berliner Luftschifferbataillons die ersten Raketenversuche, — die V-Waffen des Zweiten Weltkriegs, das 25 Jahre spätere amerikanische Satelliten- und Weltraumfahrtprogramm folgten. — Heute ist Tegel der Hauptflughafen West-Berlins und der französische Militärflughafen, (daneben gibt es noch die Flughäfen Tempelhof für die Amerikaner und Gatow für die Royal Air Force).

Kontraste in Reinickendorf, — und Verbindungsfäden. Der Buddha-Hügel: er gibt dir einen ruhigen Blick. Das Humboldt-Schlößchen an der Adelheid-Allee mit seinem schönen Park: gibt dir einen Gedanken-Ausruhplatz. Von hier, in Tegel, gingen zwei Berliner in die Welt, die die ‚großen Würfe' wagten, — statt der vielen eiligen kleinen, die man den Berlinern nachsagt; — die nach der Zusammenschau, den Synthesen fragten, bei aller Einzelbetrachtung.

Der eine, Wilhelm, war der Vater der modernen Universität. Der jüngere Bruder, Alexander, war ‚eine ganze Akademie' in einer Person. Seine Freundschaften, z. B. mit dem Revolutionär und Weltreisenden Georg Forster, mit dem Botaniker Bonpland, seine Reisen, vor allem die sechsjährige ins tropische Amerika, seine großen Berichte davon: das alles ließ diesen Winkel in Tegel zu einem Mittelpunkt werden. Alexander von Humboldts ‚Voyage aux régions équinoxiales du Nouveau Continent' und sein ‚Cosmos, Naturgemälde der ganzen Welt, von Himmel und Erde' beschäftigten alle Welt, — hier ging Berlinisches in die Welt hinaus und hier kam die Welt nach Berlin. Das Haus, der Park, die Allee, die Grabstätten haben nichts Verstaubtes. Was die Mönche in Frohnau mit ihrer Meditation versuchen, das erreichten diese beiden Gelehrten zu ihrer Zeit mit der vergleichenden Methode: Erforschung ‚der Natur in der Mannigfaltigkeit ihrer Erzeugnisse und im Zusammenwirken ihrer Kräfte', — das war ein Grundsatz von Alexander, — *Einheit in der Vielheit,* nicht die Monokausalität, nicht die Rasterung und nicht die Verengung der Welt durch den gekniffften Blick.

Schwabes

20

AERO AMERICA
N358PA
PAN AM

OLKSBANK
13

11 Spandau

mit den Ortsteilen Siemensstadt, Haselhorst, Spandau, Staaken, Gatow und Kladow

„Persönlichkeiten, die in Spandau geboren, gelebt, gefangen, gewirkt, gestorben“: — das ist eine Formulierung, mit der eine Abteilung des Heimatmuseums Spandau umschrieben worden ist. Das grammatische Ineinander von Aktiv und Passiv geht dir im Kopf herum, während du auf dem **Juliusturm** der Zitadelle von Spandau über die Dächer von Spandau und darüber hinaus schaust: das Kraftwerk Reuter, Siemensstadt, die großen Siedlungen liegen vor dir.

Wie wäre es, wenn ... ich hier geboren wäre? ... ich hier lebte? ... ich hier gefangen gehalten würde, festgehalten? ... ich hier gewirkt hätte? oder hinein-gewirkt worden wäre? ... wenn ich hier ...?

Die Wasserfront zeigt hier Krähne und Verladerampen, Großreklamen, Fabrikfleiß. Das Glück nützt seine Möglichkeiten: Bieroasen in Blumenwinkeln, Kleingärten zwischen Kohlenhalden und Ginsterhängen, Übergangslandschaften aus Naturdickicht zwischen den Stapelplätzen der Zivilisation, — und zwischen eifrigem Kommerz die Transistorstimmen aus Gartengrün. Der Schlager der Saison heißt: ‚Das ist *meine* kleine Welt ...‘ — Für die Kinder an Spree, Havel und an den Kanälen (die Spree mündet hier in die Havel), an toten Flußarmen, Malchen und Lanken gibt es das Abenteuer in Heckenburgen und in zottigen Uferböschungen, auf halbvergessenen, überwucherten Autofriedhöfen, zwischen den Lastkähnen und Anglern.

Schon gleich da unten an der Zitadelle beginnt es: Biertische in Wassernähe, und eifrige Dispute, die sich in breit hingezogenen Siedlungen, von Haselhorst bis Staaken, in Reihenhaus-Anlagen von Eiskeller bis Kladow variieren. Die Stammtische, die Geselligkeiten, die Hobbies blühen. — Nicht zufällig fand das Urbild des ,Volkssängers Käsebier', dessen Karriere Gabriele Tergit 1931 in ihrem Roman ,Käsebier erobert den Kurfürstendamm' beschrieben hat, schließlich hier im gesellig-vereinsfreudigen Bezirk Spandau sein Wirkungsfeld.

Käsebier, — hinter diesem Namen verbarg sich, bei aller literarischen Freizügigkeit der Autorin, eine reale Berliner Figur, der Komiker und Chanson-Sänger Erich Carow. Seine Erfolge hatte er zuerst im Berliner Norden, in seiner ,Lachbühne'. Heinrich Mann, der Schriftsteller ,Lambeck' in Tergits Roman, rühmte ihn am 31. März 1929 in einem Artikel der Vossischen Zeitung: „Er zeigt eine arme, aber unbeirrbare Figur, einen Künstler, der zum Faktotum erniedrigt wird, dreimal wegläuft, immer ins Publikum, bis er die Stellung annimmt, der die Leute hinauswirft, und schließlich sogar boxen muß ... Er zeigt, wie man durch Erniedrigung zum vollendeten Skeptiker wird."

,Käsebier' kam in die Spandauer Gegend. Er eroberte eben *nicht* den Kurfürstendamm. Er wurde einmal ,Mr. Meschugge' genannt, — das war die von ihm erfundene, wild-fuchtelnde Dirigenten-Gestalt. Im ,Haus Carow am See', an der Havel in Gatow gelegen, trat Erich Carow bis zu seinem Tod 1965 ,mit eigenem Programm' auf. —

,Gefangen in Spandau': Nicht nur das ,teuerste Gefängnis der Welt' hat Spandau ins Gespräch gebracht, — gemeint ist das unter Viermächte-Verwaltung stehende Gefängnis für den einzigen noch übrig gebliebenen Verurteilten der Nürnberger Prozesse, den (1977 dreiundachtzig Jahre alten) ,Führerstellvertreter' Rudolf Hess, der mitten im Krieg in einem ,Alleingang' nach England geflogen und der daraufhin von Hitler für geistesgestört erklärt worden war. Er sitzt in der Strafanstalt in der Spandauer Wilhelm-Straße. Auch die Mauern der Zitadelle haben im Lauf der Zeit oft dazu dienen müssen, die verschiedensten Leute aus den verschiedensten Gründen vom Licht der Gewässer und Gärten abzusperren.

Hier saßen Leute, weil sie:

zu auffällig liebten. Anna Sydow, die Geliebte des Kurfürsten Joachim II. wurde, als dieser 1571 starb, von seinem Sohn über Nacht aus dem Jagdschloß Grunewald herausgeholt und zu der noch im Bau befindlichen Zitadelle gebracht; sie blieb hier vier Jahre lang, bis zu ihrem Tod.

bei Frauen in Ungnade fielen. Eberhard von Danckelmann, Staatsminister, wurde 1698 in die Zitadelle eingeliefert, auf Veranlassung der Kurfürstin Sophie Charlotte. Er habe, so lautete u. a. die Beschuldigung, die Erziehung ihres Sohnes vernachlässigt.

zu unternehmungslustig waren. Benjamin Raulé, Holländer und Besitzer einer Schiffsflotte, unternahm für den Großen Kurfürsten Kaperfahrten gegen die Schweden, gründete die Afrikanische Handlungskompanie und gewann für sie Landstriche auf dem schwarzen Kontinent. Er habe Geld unnütz vertan, dafür saß er, ebenfalls ab 1698, dreieinhalb Jahre in Spandau. — Aus ähnlichen Gründen saß der Oberhofmarschall Graf von Wittgenstein 1710, — hier ging es um Feuerkassengelder für das abgebrannte Krossen.

unbestechlich Recht sprachen. 1780 mußten die Kammergerichts- und Regierungsräte nach Spandau, weil sie nach Meinung Friedrichs II. in dem bekannten Müller-Arnold-Prozeß ein ‚Fehlurteil' gefällt hatten. Der Kammergerichtsrat Neumann führte ein Tagebuch über seinen Aufenthalt, das überliefert ist.

sich politisch unbeliebt machten: so im Juli 1819 der Turnvater Jahn.

‚aufrührerische Berliner' waren. Fünfhundert von ihnen wurden zur Zeit der Märzrevolution 1848 in den Kasematten in Spandau festgehalten, zwar nicht sehr lange, aber sie mußten den Weg von und nach Berlin zu Fuß zurücklegen. — Der 1839 zum Bürgermeister von Spandau gewählte Gerichtsassessor Eduard Zimmermann, der 1848 als Abgeordneter in das Frankfurter Parlament entsandt worden war, sich dort dem linken Flügel anschloß und dann auch dem Stuttgarter Rumpfparlament angehörte, wurde wegen seiner Parlamentstätigkeit und wegen eines Aufrufs, den er in Spandau verbreitet hatte, zu zwölf Jahren Festungshaft verurteilt, — er konnte sich der Haft durch die Flucht entziehen.

Die spektakulärste Befreiung aus dem Spandauer Zuchthaus gelang dem Studenten Carl Schurz. Er holte am 6. November 1850 seinen Lehrer und Freund, den Bonner Professor Gottfried Kinkel heraus, der sich an den Aufständen im Rheinland beteiligt hatte und der wegen ‚Teilnahme' und ‚Aufreizung zur Bewaffnung' zu lebenslanger Haft verurteilt worden war. Selbst einem so furchtlosen und strategischen Kopf wie Schurz wäre dieses Unternehmen nicht gelungen, wenn ihm nicht Spandauer Bürger dabei geholfen hätten: der Gastwirt Krüger, und zwei junge Männer namens Poritz und Leddhin. Der Gefängniswärter Brune ließ sich bestechen. In einer Kutsche des Spandauer Fuhrherrn Hensel, der nur mit *einem* Pferd zurückfuhr, gelang die Flucht: die Flüchtigen entkamen von Warnemünde aus mit einem Segelschiff. Carl Schurz wurde in der Folgezeit neben Steuben der berühmteste Deutsch-Amerikaner.

In dem Juliusturm selbst soll 1402, neben anderen Gefangenen, der Raubritter Dietrich von Quitzow festgesetzt worden sein. Gegen 1000 Schock böhmischer Groschen Lösegeld ließ ihn Markgraf Jobst von Mähren nach vierzehn Tagen wieder frei. —

Mit der Zitadelle hat man heute anderes vor. „Über 60 000 Besucher kamen 1976 in die Zitadelle", erklärt man dir hier oben auf dem Juliusturm, und von Kunstausstellungen, Dichterlesungen, Konzerten ist die Rede. „Die Zitadelle soll in Zukunft ein Treffpunkt für Gäste und Bürger unserer Stadt werden." Das restaurierte und im historischen Stil wieder eingerichtete Kommandantenhaus soll dazu verhelfen, — es gibt eine Zitadellen-Galerie, und eine grün-rot stilisierte Graphik des Juliusturms wirbt auf Faltblättern für Veranstaltungen. Das Heimatmuseum im Palas gibt Rückblicke ins Vergangene, mit schönen Ausgrabungsfunden, und Rundblicke ins Gegenwärtige.

Historisches Spandau: die ältesten Mauern der heutigen Zitadelle stammen aus dem Jahr 1560, und der Juliusturm ist noch zweihundert Jahre älter. Nicht immer war er Musenturm oder Gefangenenort, — Juliusturm meint ja, und von hier aus ist der Ausdruck symbolisch geworden: etwas auf die Seite schaffen und niemanden ranlassen. Auf Veranlassung des Reichskanzlers Otto von Bismarck wurde er als Schatzkammer eingerichtet, und es wurden in ihm 120 Millionen Mark *in Goldstücken* untergebracht, — sie wurden aus der französischen Kriegsentschädigung von 1870/71 abgezweigt. Alle Schießscharten und anderen Öffnungen wurden zugemauert. Der Tresorraum konnte nur durch vier aufeinanderfolgende Türen betreten werden. Alljährlich fanden Revisionen statt. Dieser ‚Reichskriegsschatz' wurde im Juni

1919 an die Siegerstaaten abgeliefert. — 1964 bekam der Turm innerhalb des Zinnenkranzes seine Aussichtsplattform.

Im Inneren hat der Juliusturm einen seltsamen Hall-Effekt, — so, als teilte sich den Stimmen und Lauten das Dumpfe von Gefängnishöhlen und das Scheppernde von Geld mit.

Historisches Spandau: Die Archäologen haben diesen Ort, der an einer der wichtigsten alten Handelsstraßen liegt, gut durchforscht. Zunächst gab es, den Ausgrabungen zufolge, auf dem Gelände des ‚Burgwalls', im Süden der jetzigen Altstadt, unbefestigte und befestigte slawische Siedlungen, und es gab im 12. Jahrhundert eine von den askanischen Markgrafen umgebaute Burg an diesem Platz. Spandau gab es vor Berlin. Nach 1170 gründeten deutsche Kaufleute eine Nikolai-Siedlung auf der jetzigen Altstadt-Insel, an der Nordspitze blieben die Reste eines slawischen Dorfes Behns bestehen, der heutige ‚Behnitz'. Um 1200 wird der Umzug von der Burg, die auf dem ‚Burgwall' lag, in die neue Burg auf dem Gelände der heutigen Zitadelle gewesen sein. Um 1220 und 1240 erfolgten die Stadtbefestigungen um die Altstadt herum. Burg und Stadt wurden 1232 durch einen neuen Haveldurchstich voneinander getrennt. — Die Zitadelle samt Juliusturm führte immer ein militärisches Eigenleben. Erst seit 1920, nach der Eingliederung in Groß-Berlin als Bezirk, wurden die Zitadelle und Spandau in der Verwaltung vereinigt.

Historisches Spandau: „Spandau ist eine starke, rings vom Wasser umgebene Festung", heißt es in der Mitte des vorigen Jahrhunderts, „mit stattlichen militärischen Gebäuden versehen. Unter den letztern sind die ausgezeichnetsten: die militärische Eisengießerei, die aus Potsdam hierher verlegte Gewehrfabrik, die Geschützgießerei am Bahnhofe und viele Depots. In der Nähe von Spandau liegt das ländliche Waldwirtshaus Finkenkrug, wohin Sonntags Exrazüge auf der Hamburger Eisenbahn veranstaltet werden."

Industrielles Spandau, historisches Spandau, musisches Spandau, — und: „Bleibt Spandau grüner Bezirk?" Der ‚Spandauer Anzeiger' samt dem ‚Spandauer Volksblatt' beleben mit ihren Schlag- und Berichtszeilen heimische Picknickplätze, Stammtischrunden, Werkskantinen.

CAMEL
FILTER
LOTTO
TOTO
LOTTO

LOTTO
TOTO
12
35
42
48
7
13
LOTTO
TOTO
LOTTO + TOTO-Ergebnisse
Prämien-
auslosung
6. September
1,5
Millionen DM
Von jetzt an
die neue
Atika.
CAMEL
CAMEL
CAMEL

RATSKELLER
Schultheiss
Schultheiss

SB
TANK
,84 9
ESSO
,91 9
ESSO EXTRA

MOBEL-HUBNER
GEBÄUDE- u. FENSTERREINIGUNG
G.M.B.H.
BERLIN

B ZY 416 D

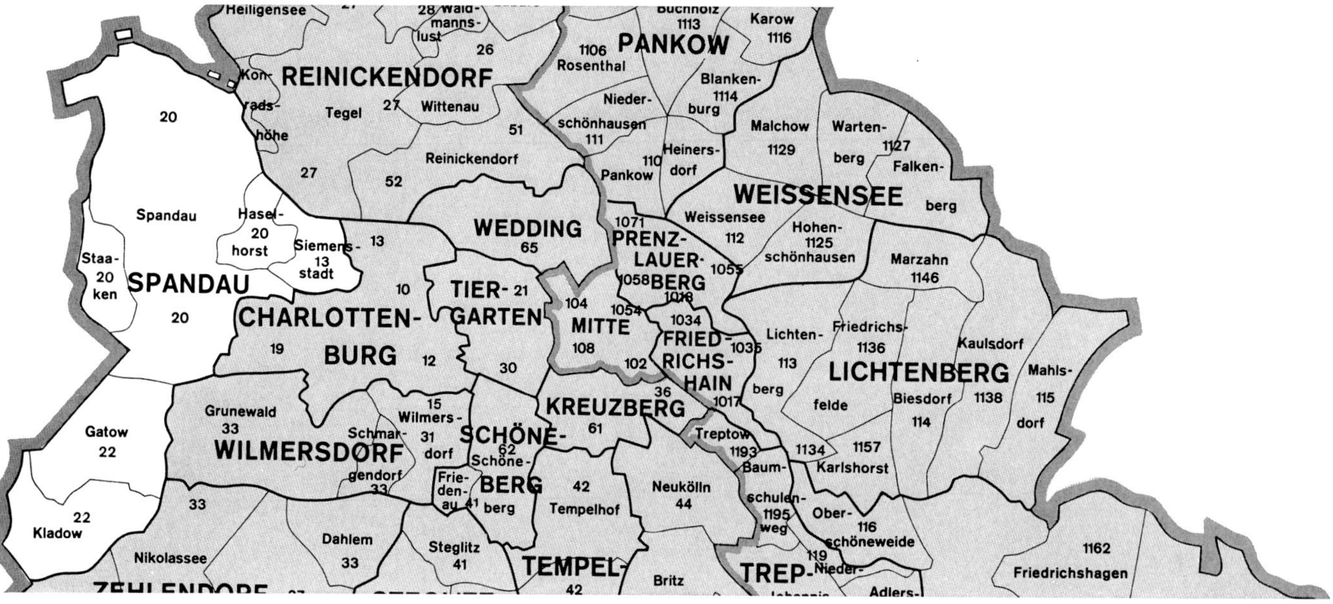

Spandau

Architektur und Städtebau

Dorfkirche Gatow, Alt-Gatow.
Anfang des 14. Jahrhunderts erbaut. Beherbergt ein in Öl auf Holz gemaltes Tafelbild eines mittelfränkischen Meisters aus der Zeit um 1495 „die Beweinung Christi"

Dorfkirche Kladow, Alt-Kladow.
Feldsteinkern aus dem 13.–14. Jahrhundert. Die 1808 abgebrannte Kirche wurde 1818 durch den heutigen Bau ersetzt; das alte Mauerwerk wurde in den Neubau übernommen.

Dorfkirche Staaken, Ecke Brunsbütteler/Neuhauser Damm.
Nach dem Dorfbrand von 1433 wurde sie von 1436–38 erbaut. 1729 erhielt sie für 72 Taler die (1901 erneuerte) Uhr, weil man „von langen Jahren her auf eine Kirchenuhr zur Bequemlichkeit der Einwohner und auch der Reisenden, weil hier eine starke Passage ist, bedacht gewesen". Die alte Straße von Berlin nach Hamburg führte über Staaken.

Eiskeller.
Einstige Fast-Exklave (es gab immer einen schmalen Zugang dorthin) im nördlichsten Zipfel von Spandau.
Hier leben einige wenige Laubenpieper, eine Pferderanch gibt's und viel Ackerland, das von Spandauer Bauern bewirtschaftet wird. An die Berliner Wasser- und Stromversorgung ist dieses einsame Gebiet an der Mauer nicht angeschlossen.

Gartenstadt Staaken.
Den Bebauungsplan und die Entwürfe für die einzelnen Hausgruppen gestaltete der Siedlungsarchitekt des Reichsamtes, Paul Schmitthenner, der die von der Deutschen Gartenstadt-Gesellschaft seit 1902 verfochtenen Siedlungsideale des Engländers Howard aufnahm und als Gegenreaktion auf die großstädtische Mietskaserne hier von 1913–15 in ländlich-kleinstädtischer Weise eine „Heimat für Seßhafte zur leiblichen und sittlichen Gesundung" schuf.

Ehemalige **Gaststätte „Zur Post",** Alt-Pichelsdorf Nr. 6 a.
Zweistöckiger Bau aus dem Jahre 1888, der stilistisch der klassizistischen Bauweise Schinkels entspricht.

Gatow.
Ehemaliges märkisches Angerdorf, heute Ortsteil von Spandau. 1272 erstmals urkundlich erwähnt. Von 1258 bis 1558 im Besitz des Spandauer Benediktinerinnen-Klosters, das das Dorf schließlich an das Amt Spandau abtreten mußte. Um 1590 kam es in den Besitz der Herren von Ribbeck, die im benachbarten Groß-Glienicke saßen.
Bis heute haben sich hier ansehnliche Bauernwirtschaften erhalten können; vor allem Kartoffeln und Getreide werden angebaut.

Großsiedlung Siemensstadt, Jungfernheideweg, Mäckeritzstraße.
1929–31 erbaut, gilt als Musterbeispiel einer Wohnsiedlung der Weimarer Zeit.
Den Siedlungsteil zwischen Mäckeritzstraße und S-Bahn am Jungfernheideweg mit sog. „Panzerkreuzer" entwarf Hans Scharoun. Den Zeilenbau westlich und östlich des Jungfernheidewegs entwarf Walter Gropius.

Ehemaliges **Gutshaus Amalienhof,** Seeburger Weg.
1875 im Stil des Spätklassizismus erbaut. Seit 1955 im Besitz des Landes Berlin, das es 1958 in ein Schullandheim umbaute.

Ehemaliges **Gutshaus Groß-Glienicke,** Ritterfelddamm.
Ende des 19. Jahrhunderts erbaut, im Stil einer romantischen Ritterburgengotik. Als einziges der ehemals sieben Rittergüter und Herrensitze im Gebiet Spandau noch in Privatbesitz.

„Haus Dr. Baensch", Höhenweg 9, an der Weinmeisterhöhe.
1934 von Hans Scharoun erbaut.

Juliusturm, in der Zitadelle.
Zu Anfang des 14. Jahrhunderts als Wachturm und letzte Zufluchtsstätte der Burg in Kriegsgefahr erbaut. Der seit 1402 urkundlich bezeugte Name ist aus „Judenturm" umgebildet; 1356 hatte der brandenburgische Markgraf Ludwig der Römer das Turmamt seinem Kammerknecht, dem „Juden Frizen" verliehen. Im 19. Jahrhundert ist der Juliusturm als Aufbewahrungsort des Reichskriegsschatzes zu einem Begriff geworden. Von 1874–1918 lagerten hier 120 Millionen Goldmark, die auf Veranlassung von Wilhelm I. hier gehortet wurden. Der Zinnenkranz des Turmes ist 1838 von Karl Friedrich Schinkel entworfen worden.

Kladow.
Ehemaliges Dorf, heute Ortsteil von Spandau. 1267 zum ersten Mal urkundlich als „Clodow" erwähnt. Der Name soll auf das slawische Wort „Kloda" für Klotz oder Baumstamm zurückgehen und sich auf die Wald- und Rodearbeit beziehen.
Um die Jahrhundertwende wurde das Dorf als Sommerfrische entdeckt. Auch heute ist das hochgelegene Havelufer um Kladow und Gatow ein beliebtes Ausflugsziel.

Ehemaliges **Lehnschulzengut Gatow,** Buchwaldzeile 43–47.
Das Gut war jahrhundertelang im Besitz von Lehnschulzen. Anfang des 18. Jahrhunderts kam es in den Besitz der Familie von Ribbeck, der mehrere Spandauer Bauerngeschlechter folgten, bis die Stadt Berlin das Gut erwarb. 1929 wurde der Gutsbetrieb aufgegeben. Das **Gutshaus,** etwa um das Jahr 1865 erbaut, dient heute als Polizeirevier.

Marienkirche, Behnitz 9.
1848 durch Bauinspektor Manger im Stil einer frühchristlichen Basilika erbaut.

Mencken-Haus, in Neu-Kladow, Imchenallee.
Ehemaliges **Lehnschulzengut Neu-Kladow,** das u. a. einst auch dem Alchimisten Johann Kunckel, der in den Tagen des Großen Kurfürsten auf der Pfaueninsel Gold herstellen wollte und statt dessen das Rubinglas erfand, gehörte. Später, um 1800 (um die Zeit wurde auch das Herrenhaus gebaut), war es in Erbpacht des Geheimen Kabinettrats Mencken, dessen Tochter Luise die Mutter

Bismarcks wurde. Eine Gedenktafel am Hauptbau des „Müttergenesungsheims der Arbeiterwohlfahrt", die jetzt das Grundstück vom Bund gepachtet hat, erinnert an sie.

Pichelsdorf.
Ehemaliges Fischerdorf, 1375 erstmals urkundlich erwähnt. Heute sind nur noch wenige alte Häuser erhalten (Alt-Pichelsdorf Nr. 3, Nr. 30, Nr. 32).

St.-Nikolai-Kirche, am Reformationsplatz.
Älteste Kirche der Stadt Spandau. Sie wurde im Jahr 1240 erstmals als Marktkirche urkundlich erwähnt und soll, Ausgrabungen zufolge, auf eine noch ältere romanische Dorfkirche zurückgehen. Ihre heutige Form als dreischiffige gotische Hallenkirche erhielt sie im 14. und 15. Jahrhundert.
Vor dem Westportal steht das 1889 von Erdmann Encke geschaffene Bronzestandbild Joachims II., nördlich der Kirche das 1816 von Karl Friedrich Schinkel entworfene Denkmal für die Gefallenen der Freiheitskriege.

Schaltwerkhochhaus der Siemens AG, Nonnendammallee 102.
1926–28 von Hans Hertlein erbaut. Erstes Fabrikhochhaus in Europa.

Siemensstadt.
Ortsteil von Spandau. Hier entstanden seit 1898/99 die Industrieanlagen der Firma Siemens sowie werkseigene Siedlungen.
Das **Hauptverwaltungsgebäude** 1912/13 von Friedrich Blume, das **Schaltwerkhochhaus** 1926–28 von Hans Hertlein, das Gebäude des **Siemens-Werner-Werkes** 1929/30 ebenfalls von Hans Hertlein.

Spandau.
Ehemalige brandenburgische Havelstadt, heute Berliner Stadtbezirk mit den Ortsteilen Siemensstadt, Haselhorst, Spandau und Staaken, Gatow und Kladow.
1197 als „Spandowe" erste urkundliche Erwähnung. Etwa zur gleichen Zeit wurde dicht an der Spreemündung eine askanische Burg (s. Zitadelle) errichtet. Gegenüber auf dem sog. „Kolk" erste Ansiedlungen. 1232 Verleihung des Brandenburgischen Stadtrechts. Im Laufe der Jahrhunderte erweitert sich Spandau nach allen Seiten mit neuen Siedlungen. 1920 erfolgt die Eingemeindung in Groß-Berlin mit den Ortsteilen Staaken, Tiefwerder, Gatow, Kladow, Pichelsdorf, Haselhorst.

Spandauer Kolk.
Mit dem benachbarten **Behnitz** einer der ältesten Teile der Spandauer Altstadt, in dem noch Mauerzüge der mittelalterlichen Stadtbefestigung und bis ins 17. Jahrhundert zurückreichende Fachwerkhäuser erhalten sind.
Der Kolk, mit der **Kolkschenke** von 1750, wurde 1974 von dem Architekten Bodo Fleischer und dem Maler Manfred Henkel mit neuen architektonischen und malerischen Mitteln restauriert und umgebaut. Die Zusammenarbeit von Fleischer und Henkel besteht seit 1966 unter dem Gesichtspunkt, alte Viertel „organisch" zu sanieren, ein Zusammenwachsen der nötigen Neubauten mit den bestehenden historischen zu erreichen, mit Mitteln der Architektur **und** der Malerei.

Staaken.
Ehemaliges Dorf, heute Ortsteil von Spandau.
1273 wird das Straßendorf „Stakene" erstmals urkundlich erwähnt. 1336 als „Staken", um 1500 als „Stacken". Das Dorf lag früher in einer wasserreichen und morastigen Gegend, daher könnte sich der Flurname von der Vokabel „Stak" = Pfahl ableiten.

Stadtmauer, Spandauer Alt-Stadt.
Am Viktoriaufer ist ein 116 m langer Rest der ab 1319 erbauten Stadtmauer erhalten, am Hohen Steinweg ein 78 m langes Stück. Sie besteht aus Backsteinen auf einem Sockel aus Findlingen.

Tiefwerder.
1813 gegründetes Fischerdorf. Dank seiner Abgelegenheit auf einer Halbinsel hat sich das alte Ortsbild mit den einstöckigen Häusern relativ gut erhalten.

Waldsiedlung Hakenfelde, westlich der Niederneuendorfer Allee.
1915–17 von den Architekten Arthur Wolff, Adolf Steil und Otto Weber erbaut.
Die Siedlung entstand als Gegensatz zur städtischen Mietskaserne.

Wohnhäuser in der Altstadt.
Kinkelstraße 35: sogenanntes **Wendenschloß,** ein Ackerbürgerhaus, erbaut um 1700, abgerissen 1966, Neubau 1967 mit einer Vorblendung einer Fassade in alter Form.
Reformationsplatz 2: Offiziantenhaus, erbaut 1813.
Reformationsplatz 5: ehemaliges **Schulhaus,** erbaut 1874/75 im florentinischen Palaststil des 16. Jahrhunderts.
Carl-Schurz-Straße 47: „Hotel zum Stern", Barockbau des 18. Jahrhunderts, Erdgeschoß 1922 umgestaltet.
Fischerstraße 26: Barockbau, um 1770 erbaut.
Fischerstraße 27 und 28: verputzte Fachwerkhäuser des 18.–19. Jahrhunderts.
Ritterstraße 1 a: Bürgerhaus im Fachwerkstil aus der zweiten Hälfte des 18. Jahrhunderts.
Hoher Steinweg 5: erbaut um 1850, aufgestockt 1880 mit Skulpturen König Friedrichs II. und Kaiser Wilhelms I.
Kolk 3: Bürgerhaus, erbaut um 1750 mit Gaststätte **„Alte Kolkschenke".**
Behnitz 5: Bürgerhaus des Spätbarock, erbaut um 1770–80.

Zitadelle, Am Juliusturm.
Eine Festung, die Joachim II. ab 1560 zum Schutz der Landeshauptstadt Berlin errichten ließ, die aber erst 34 Jahre später unter Baumeister Rochus Graf zu Lynar fertiggestellt wurde. Vorher stand hier eine mittelalterliche askanische Wasserburg, der ein „festes Schloß" gefolgt war. Die Zitadelle ist in Form eines von allen Seiten von Wasser umgebenen Quadrats von ca. 200 m Seitenlänge gebaut. Sie umfaßt das **Torhaus** aus dem 16. Jahrhundert, das 1839 eine neue Fassade erhielt, den **Zitadellenhof** mit schönen Kastanienbäumen, das ehemalige **„Kasino"** (jetzt Heimatmuseum), das vor der Zeit der Zitadelle als sogenannter „Palas" Hauptwohngebäude der Burg war, und den „Juliusturm" aus der ersten Hälfte des 14. Jahrhunderts.

Sonstiges

Fähre „Holüber", auf Spandauer Seite am Ende des Aalemannufers, auf der Seite Tegelort vom Edeltrautweg aus.
Einzige Autofähre in Berlin, die täglich von 6 Uhr bis 18 Uhr (im Sommer auch länger) alle 10 Minuten die 200 m breite Havel zwischen Hakenfelde und Tegelort überschippert.

Flughafen Gatow, am Rande der Gatower Heide.
Einer der drei Flughäfen West-Berlins, der zur Zeit von den hier stationierten Briten als Militärflughafen genutzt wird.

Gatower Rieselfelder, zwischen Potsdamer Chaussee und Gatower Straße.
Etwa 365 Hektar großes Gelände, das 1890 als **Rieselfeld „Carolinenhöhe"** in Betrieb genommen wurde. Hier wurde bis zur Inbetriebnahme des Klärwerks Ruhleben 1963 das Abwasser des Bezirks Charlottenburg gereinigt. Heute dienen die Rieselfelder zur Abwasserreinigung eines Spandauer Pumpwerks und als weites schönes Revier für Spaziergänger.

Heimatmuseum, in der Zitadelle.
Untergebracht im ehemaligen **„Kasino",** einem Backsteinbau, der vor dem Bau der Zitadelle 1520 als „Palas" das Hauptwohngebäude der Kurfürstenburg war. In seinen Ziegelwänden sind Grabsteine des 13./14. Jahrhunderts mit hebräischen Inschriften eingemauert, die vom 1510 verwüsteten Spandauer Judenfriedhof stammen.
Das ansehenswerte Museum informiert u. a. über: „Persönlichkeiten, die in Spandau geboren, gelebt, gefangen, gewirkt, gestorben."

„Jaczo-Turm", auf der Höhe Gatower Straße 227.
Ein vier Meter hoher zinnenbekrönter Turm, den ein Mitbürger vor fast 60 Jahren als Erinnerung an die Schildhornsage (s. Wilmersdorf, Literatur, Schildhorn) errichten ließ. Der übersetzte Wortlaut der Inschrift: „Durch diese Schlucht wurde Jaczo, der Wendenfürst, im Jahre des Herren 1157 von Albrecht dem Bären verfolgt und in die Havel getrieben."

Ehemaliges **„Schloß Brüningslinden",** am Havelufer in Kladow.
1911/12 von den Architekten Georg Siewert und Fritz Geppert für Rittmeister Rüdiger von Brüning, einen Sohn des Chemikers und Gründers der Farbwerke Hoechst, erbaut. 1935 übernahm die Weingroßhandlung Gruban und Souchay die Brüningsche Besitzung und baute sie zu einem exklusiven Ausflugslokal aus. Nachdem das Haus 1945 vorübergehend Hauptquartier des englischen Generalfeldmarschalls Montgomery, danach Flüchtlingsquartier und Kinderheim war, wurde es 1951 wiedereröffnet und war bis zu seinem Abriß im Herbst 1972 eine der schönstgelegenen Gaststätten Berlins; eine Attraktion für Kinder war der dazugehörende **„Märchenwald"** mit Figuren und einer Miniatureisenbahn.

TELEFUNKEN
KOCH
STOTZ

12 Charlottenburg

Wenn die *eine* Hälfte von dir mit einem schnellen Aufzug aufs **Europa-Center,** zum i-Punkt, führe, — die *andere* Hälfte, weiter im Westen Charlottenburgs, mit einem ebenso schnellen auf den jüngeren Bruder des Pariser Eiffelturms, auf den krakeligen **Funkturm** im Messegelände, — und du sähest, als Europa-Center-Person, nach Westen, — und du schautest, andererseits, als Funkturm-Person, nach Osten: Auge in Auge ständest du dann mit dir selber, und zwischen deinen Beobachtungshälften läge ein guter Teil von Charlottenburg.

‚*Lietzensee*', sagt das Funkturm-Ich, und sieht den See vor sich inmitten der Häuser. An seiner Wespen-Taille wird er von der Neuen Kant-Straße überbrückt:

Die rote Sandsteinbrücke packt
staubig die andere Seite vom schwärzlichen Tümpel.
Laternen. Das verirrte Mondlicht zackt
über Sträuchern und Wellen und trägem Gerümpel.
Doch zu uns dröhnt der Abendschrei der Stadt...

So hat Jakob van Hoddis vor einem dreiviertel Jahrhundert diese Gegend skizziert. Jetzt sieht sie gezähmter, freundlich und fast schläfrig aus, ein Volkspark mit Trauerweiden, Enten, Kindern und Liebespaaren, und an manchen Abenden mit einer barocken Wassermusik.

‚Lietzensee' hat zu tun mit dem Namen des Dorfes, das in der Charlottenburger Gegend die erste größere Ansiedlung war: Lietzow, — die Dorfaue ist noch kenntlich in dem Park Alt-Lietzow hinter dem

Charlottenburger Rathaus. Das Schloß Charlottenburg hieß denn auch nach seiner Erbauung 1695 zuerst einmal Schloß Lietzenburg. Westlich vom Dorf, in der Nähe des Schlosses, entstand eine Siedlung, die 1705 zur Stadt erhoben wurde. Sie bekam ihren Namen nach der Königin Sophie Charlotte, und ihr erstes Rathaus stand in der Schloßstraße, gegenüber dem Schloß. 1720 wurde das Dorf ‚Lützow' eingemeindet. Nun hieß *alles*: ehemaliges Dorf, Schloß, städtische Siedlung: Charlottenburg. —

‚*Bahnhof Zoo*' sagt das i-Punkt-Ich am anderen Ende, und wenn es genug Erinnerung oder eine zugespitzte Vorstellung hat, dann rücken ihm aus der Vergangenheit Trümmerhaufen vor die Augen, und es sieht die restlichen Bären des Zoos auf dem Gelände der Technischen Universität nach Genießbarem suchen, das war im Frühjahr 1945, — und es sieht die 50er-Jahre-Bauten um den Bahnhof Zoo emporwachsen, bescheiden in Höhe und Ansprüchen, hier begann der Wiederaufbau, und den Berlinern erschienen sie damals, wenn sie auf der Zoo-Terrasse saßen, „als wenn wir in New York säßen", — es war die Zeit der Blockade, der Luftbrücke, der Rosinenbomber, des Schwarzhandels, — ja, und jetzt?

Der Sog, der dich in den Bahnhof Zoo hineinzieht, auf die 50er-Jahre-Bahnhof-Zoo-Terrasse, — die Betonstützen, ja selbst das Mobiliar und die Beleuchtung bringen dich zurück in die damalige Modernität, während das Gesumme im Bahnhof stärker geworden ist, das Gemisch der Gesichter vielfältiger, — schwer überblickbar, was hier aus dem Untergrund und Obergrund sich kreuzt, und rempelt, und reibt, was von ‚drüben', vom Bahnhof Friedrichstraße, herübersondiert, — was aus den türkischen, italienischen, griechischen Arbeitsquartieren sich hier in lautstarken und gestenreichen Steh- und Sitzgruppen zusammentut, — und: „rechts ein Seemann, links ein Seemann, in der Mitte war icke", sagt eine junge Berliner Spitznase aus einer deutschen Renommier-Runde neben der Piß-Ecke. — Von Westen kommen die vollen, von Osten kommen die fast leeren Züge.

Und ‚*Gedächtniskirche*' sagt das i-Punkt-Ich, und meint damit die Kombination der 19. Jahrhundert-Ruine mit der 20. Jahrhundert-Eiermann-Schachtel. Dort sitzt auf den Treppen, in der Sonne, was jung ist und an Bärten hängt. Der Neu-Romanik, die in dem halbzerbombten Turm zum exotischen Überbleibsel geworden ist, stand einst eine ergänzende Neu-Romanik gegenüber: das Romanische Café. So sah es an diesem Platz aus, in den Hoffnungen und Erwartungen der zwanziger Jahre: Als Wolfgang Koeppen sich zu diesem Mittelpunkt flüchtete, als er „das gelobte Land erreichte vom pommerschen Acker her, vierter Klasse, mit Milchkannen und Kartoffelsäcken, und vom Stettiner Bahnhof nach dem Stadtplan zu Fuß, auf dem Weg nach Eden", da schien ihm, damals, „der Tempel zu strahlen, wie mein Verlangen es mir verkündet hatte, ich lauschte den Dichtern und Philosophen, hörte den Malern und Schauspielern zu, begegnete den klugen Herren der großen und mächtigen Zeitungen..." — und er sah

1945 dieses Eden, das schon zuvor ausgedörrt worden war, in Flammen aufgehen: „Wir waren in Schlafdecken gehüllt oder in Säcke, wir schützten das Gesicht mit feuchten Tüchern vor dem beißenden Rauch, wir waren im Purgatorium zwischen Wittenbergplatz und Zoologischer Garten, ein Verleger stolperte über Schotter und Schwellen und sagte, Sie werden das schreiben, und ich dachte, ich werde es schreiben, und wußte, daß ich starb in dieser Zeit, in diesen Jahren, auch wenn ich nicht gehenkt würde oder erschlagen oder verbrannt, über uns loderte die Stadt, brauste der Feuersturm, ich stieg aus dem Schacht, der Turm der Kirche war zerschmettert, und das romanische Haus mit dem Romanischen Café glühte, als leuchtete im Sieg die Oriflamme eines geheimen Vaterlandes." — Hier also, an *dieser* Stelle, steht jetzt das Europa-Center.

Auch das ‚Café Größenwahn', das eigentlich ‚Café des Westens' hieß, an der Ecke Ku'Damm/Joachimstaler Straße, ist als literarischer Treffpunkt nicht wiedererstanden, und auch das ‚Café Mandl' nicht, eine kleinere literarische Dependance der zwanziger Jahre, in der Kanstraße. Café-Häuser geben kein Gehäuse mehr her für Literatur.

Und *‚Kurfürstendamm'* sagt das i-Punkt-Ich, und meint das gleißende Band, das quirrlig ist an den Nachmittagen, trügerisch-glanzvoll in den Nächten, das aber mit keiner Straße der Welt vergleichbar ist in den ganz frühen, hellen, zartfarbenen, ungeschminkten Frühsommer-Morgenstunden.

‚Olympia-Stadion' wirft, ungeduldig, das Funkturm-Ich dazwischen, indem es sich selber über die Schulter, nach Westen, schaut. Es sieht dort den Berliner Dichter und Holzschneider Günter Bruno Fuchs: Er hält Einzug durch das Marathon-Tor. Er balanciert einen Fußball über seinem Kopf und zitiert dabei Eichendorff:

Ach, wer da mitreisen könnte
in der prächtigen Sommernacht!

Und dann beginnt er, vor den leeren Rängen zu spielen, — das Stadion faßt 90 000 Fans, — er selber pfeift das Spiel an, er spielt eifrig und elegant, gegen sich, und mit sich als Schiedsrichter. Dahinter siehst du die neuen Hochbauten an der Heerstraße, ahnst Ruhleben und Rupenhorn.

‚TU', sagt das i-Punkt-Ich, und deutet auf die Stadt aus Instituten und Auditorien der Technischen Universität, zwischen Hardenbergstraße und Spreebogen, impulsive Studenten-Community inmitten der City, zeitweilig voll dunkler Ecken der Fixer, mit der Niststätte hilfloser Präsidenten, mit der Brutstätte auch von Literaten. Dort, zwischen Formel-Reihungen, die in Nuklear- und Weltraum-Fernen abschwenkten, mühen sich seit Jahrzehnten immer neue Schübe von Architekten, ohne durchschlagenden Erfolg, um eine besser bewohnbare Architektur in unserem Jahrhundert, — und dort, in TU-Nähe, soll

auch, so geht die Sage, der Zwischendurch-Berliner Ernst Jandl aus Wien seinen Vers erfunden haben:

manche meinen
lechts und rinks
kann man nicht
velwechsern.
werch ein illtum!

„Das Knie!“ fährt das i-Punkt-Ich fort, — „jetzt heißt es *Reuter-Platz*“. Es war einst eine Wohngegend, Brecht z. B. wohnte dort, und die Häuser sahen gründerzeitlich-geheimrätlich aus. Jetzt ist der große Platz ein Glaskasten-Schmuckstück der Elektro-Konzerne, und aus seiner Mitte spritzen Fontänen zum Himmel. Rund um das Knie kannst du die Spuren von Bildhauern unserer Tage finden: von Bernhard Heiliger: eine Flamme, von Hans Uhlmann: weiter unten an der Deutschen Oper, den ‚Leo Blech‘, abstrakt; und von Karl Hartung: ein von Kindern bekletterbares Stein-Gehirn im Schatten des Bergbau-Instituts.

„Ich aber sehe das *Charlottenburger Schloß“!* sagt das Funkturm-Ich und zeigt auf die joringelhaft von der Sonne umsponnene Kuppel, und auf das Reiterstandbild des Großen Kurfürsten davor, und zeigt auf den sonnengefleckten Park. Schloß Charlottenburg: nach dem Abriß der Ruinen des Stadtschlosses und des Schlosses Monbijou in Berlin Mitte ist es das einzige noch erhaltene größere Hohenzollernschloß Berlins. Im Mausoleum des Charlottenburger Schloßparks steht die Büste (und die Sarkophag-Skulptur) der Königin Luise von Preußen, einer Frau, die noch heute von den Berlinern verehrt wird. „Du Heilige, hör deine Kinder flehen!“, — das war, der Tonart nach leicht erkennbar, Theodor Körner. Zu ihren Lebzeiten, und das waren die napoleonischen Zeiten, hieß es weitaus sachlicher von ihr: „Sie allein hält zusammen, was noch nicht zerfallen ist!“ Das hinwiederum sagte Heinrich von Kleist.

Es ist ein Zufall, aber ein dem Besucher günstiger, daß hier zwei Frauenbilder in unmittelbarer Nachbarschaft zu studieren sind: das Rauch'sche der Luise im Schloßpark, und die Nofretete-Büste gleich gegenüber im Ägyptischen Museum. „Jahrtausend-Bögen“, bemerkt das Ich auf dem Eisenturm, und es verkneift sich gerade noch rechtzeitig einen Goethe-Vers vom Ende des ‚Faust II‘, der vom Weiblichen handelt, und der diesem Weiblichen eine ausschließlich auf Männer bezogene Einflußkraft zuschreibt, — so wie es Männern, antipodisch denkend und verschwärmt, als Zurechtlegung unterlief. —

„Und da ist, neben dem Schloß, das *Rathaus Charlottenburg* ganz deutlich auszumachen, mit seinem Turm“, fährt die Funkturm-Hälfte fort, „und hinter dem Rathaus ...“ aber da wird es den beiden Teil-Ichs zu abgetrennt zumut in ihrer Geteiltheit, sie treffen sich und schweifen gemeinsam über die

Dächer von Alt-Charlottenburg, die sich zwischen Knie und Savigny-Platz, zwischen dem Stuttgarter und dem Lehniner Platz und dem Schloß Charlottenburg aneinanderdrängen, — und beide sehen in die Straßen und Höfe und Kohlenhandlungen, in die Kartoffelkeller und Leihanstalten, wo gelebt, geliebt, gearbeitet, gehandelt wird, sehen die Handwerksstuben, die Kleinbetriebe, die Tante-Emma-Läden, die immer weniger werden, die Arbeiterwohnungen und Studentenbuden, die Märkte und den Trödel, das Revier, in dem Heinrich Zille fotografiert und gezeichnet hat, und sie schauen in den Hinterhof, in dem der Bildhauer und Maler Heinz Otterson sitzt und seine Motorrad-Rocker und fantastischen Fregatten aus Metall-Gerümpel zusammenschweißt, und wo er verblüffte Gesichter aus dem Papier hervorkritzelt, — „und hinter dem Rathaus", da sind sich die beiden Hälften jetzt einig, „kann man sich in einem der schönsten altcharlottenburger Palais' ‚kopulieren' lassen", im — Alt-Lietzow 28 — Charlottenburger Standesamt.

Ja, das Getrennte, Zweigeteilte vereinigt sich, — aber nur, um sich sogleich über die weitgespannte Charlottenburger Kneipenlandschaft stäubchenhaft zu verteilen. Ein in viele winzige Ichs aufgelöstes neugieriges Ich lernt Berlin am besten kennen. Als Kollektiv-Ich läßt es sich auf all die rasch wechselnden Namen ein. Was ist da und was war da nicht alles ‚in' und gefragt und besucht an Eckkneipen und Biergärten vor der Tür, allein seit dem Wiederbeginn nach dem Krieg: War es einmal ‚Anna Barfuß', so gab es dann die ‚Dicke Wirtin', sagte man ‚Diener', so sagte man bald ‚Zwiebelfisch', oder meinst du ‚Wuppke' in der Schlüterstraße, wo du die beste nächtliche Zwiebelsuppe bekommst, oder ‚für Janis', da denkst du an Kuchen, oder das Bier-Paradies ‚Wendel' am Richard-Wagner-Platz, das Frühstücks-Eldorado ‚Schalander' in der Olivaer Gegend, oder Köppke, oder ‚AX-BAX', das sich ‚Ach wach!' ausspricht, an der Leibniz- Ecke Kantstraße, oder, damals, die ‚S-Bahnquelle' am Savigny-Platz, oder, ausufernd aus Charlottenburg, ‚Bellevue' in der S-Bahnstation Bellevue, ‚Bundeseck', ‚Leidicke', oder bis hinaus j.w.d. an den Stacheldraht ‚Warnicke' hinter Alt-Schönow am Teltow-Kanal, von Kreuzberg hier gar nicht zu reden, — oder dann doch wieder mehr im Dreh: Korn's Weinstube in der Friedbergstraße zwischen Stuttgarter Platz und Amtsgericht, — aber auch in der Autorenbuchhandlung kannst du einen trinken, wenn du Glück hast, oder im Buchhändlerkeller, beides in der Carmerstraße,

in und out im Auf- und Niedergang: Berlin ist vielfältig, es ist aus Dörfern zusammengesetzt, aber es hat in seinen wechseltierchenhaften Kneipen und Zapfstellen ein zusammenhängendes Lymphsystem. Da kannst du dein Ohr hineinhängen, und du wirst erfahren, was die Stadt gerade ausmacht, jetzt, in diesem deinem Augenblick. Und das wird schon wieder ein anderer Augenblick sein als der meine.

ZIEL
3M

50
BLUNA
PFERDETRANSPORTE
sonnig fruchtig
BLUNA frisch

140

Weine
Spirituosen
Konserven
Coca-Cola

Stadtbad
B S 182

Kohl A
40
50

ENGELHARDT
BIERHAUS

28
Michaelis & Co.

Langnese

308
robot

NIEDER mit d
GRIEC
EINHEIT-W
ND-SIEG

Kantstraße

bilka
bilka
THURINGER

CORRIERE DELLA SERA

ANG HOCHHAUS
SCHMARSOW
DR N v SCHMARSOW
ZAHNARZTIN
Dr med Ursula Busse-Weiße
Augenärztin
Mo Do 15-19 Di Fr 9-13
Privat nach Vereinbarung
Sehschule Di 13-17 Do 9-13
CH SCHAULAND
DR MED W TREECK
FACHARZT FÜR HAUT- UND GESCHLECHTSKRANKHEITEN
UND NACH VEREINBARUNG
ALLE KASSEN
8 OG
DR MED K H WERTHER
PRAKT ARZT
AUSSER MITTW U SONNAB
PRIVAT NACH VEREINBARUNG
ALLE KASSEN
EKG, BESTRAHLUNG, LABOR
MED. E.S. BÜCHERL
DR med HORST H TEICHMANN
INTERNIST
Sprechstunden
Mi nur nach Vereinbarung
Alle Kassen
DR MED H HOMAJUN
Facharzt für Hals-, Nasen-, Ohrenkrankheiten
Sprechstunden
Mo Di Do Fr 9-12 u 16-19
Mi u Samstag nach Vereinbarung
Tel 261 50 30
Alle Kassen
11 OG

HEIMBAU

AEG WASCHAUTOMATEN LAVAMAT AEG

Klausenerplatz.
Ausgangspunkt des Alt-Charlottenburger Kietzes zwischen Spandauer Damm und Knobelsdorffstraße, zwischen Sophie-Charlotte-Straße und Schloßstraße. Eines der reizvollsten Quartiere des „alten" Berlin mit dem berühmten „Zille-Milljöh". Der Klausenerplatz, früher Friedrich-Karl-Platz, wurde 1844 der Garde du Corps als Reitübungsplatz zugewiesen. Heute gibt's einen Kinderspielplatz und rundherum Wochenmarkt. Samstags findet hier seit Anfang 1977 auch der ehemalige Trödelmarkt Schloßstraße statt.

Kleine Orangerie, an der Südseite des Orangeriegartens, Schloß Charlottenburg.
1790 als Gärtnerwohnungen erbaut, 1943 zerstört, 1973–77 wiederhergestellt. Enthält jetzt ein Restaurant.

Krematorium Ruhleben, Charlottenburger Chaussee 55 a.
1972–75 von Jan und Rolf Rave nach einem schon 1962 preisgekrönten Wettbewerbsentwurf als der erste Krematoriumsbau nach dem I. Weltkrieg errichtet.

Kunstbibliothek, Jebensstraße 2.
Dieses Haus wurde 1909 als Vereinshaus der „Kameradschaftlichen Vereinigung der Offiziere der Landwehr" erbaut. Das Gefallenen-Denkmal davor wurde 1927 im Auftrag des Reserve- und Landwehr-Offizierkorps von den Bildhauern Rochlitz und Dammann geschaffen.
1919 wurde der Festsaal des Hauses in ein Theater umgewandelt, das zuerst **„Theater im Landwehrkasino am Zoo"** hieß, 1920 **„Theater an der Hardenbergstraße"**, dann **„Theater an der Jebensstraße"** und **„Neues Theater am Zoo"**. 1921/22 entstand hier das **„Deutsche Volkstheater"**, 1947 zog das **„Grand Casino Berlin"** mit dem Kabarett **„Kleine Bühne am Zoo"** in die Räume ein.
1949 erwarb der Senat das Haus und richtete hier die „Kunstbibliothek" und die **„Galerie des XX. Jahrhunderts"** ein (heute in die Nationalgalerie integriert).

Künstlerhaus zum St. Lukas, Fasanenstraße 13.
1889 von Bernhard Sehring, Architekt vieler Bühnenhäuser in Deutschland – in Berlin des „Theater des Westens" – erbaut. Konzipiert hatte er das Haus mit seinen rund zwanzig Atelierwohnungen als preisgünstige Wohn- und Arbeitsstätte für Künstler. Einiges von den mit vielen Bildern und Skulpturen dekorierten Räumen ist erhalten, auch der malerische „Brunnenhof" mit dem von Bildhauer Nikolaus Friedrich gestalteten Brunnen hat den Krieg und die Zeit überstanden. Ebenfalls der Name der **Käthe Kruse,** die hier im dritten Stock ihre so schnell beliebt und berühmt gewordenen Puppen anfertigte. Heute befinden sich unten im Haus die Galerie Springer, in die oberen Räume sind mehrere Tanzstudios und Gymnastik-Schulen eingezogen.

Kurfürstendamm.
Ursprünglich ein schmaler Sandweg, über den die brandenburgischen Kurfürsten seit dem 16. Jahrhundert von ihrer Stadtresidenz an der Spree zum Jagdschloß Grunewald ritten; er wurde 1883–86 auf Veranlassung Bismarcks 53 m breit ausgebaut und gepflastert. Die Bebauung begann aber erst zu Anfang der 90er Jahre und war durch besonders prunkvolle Fassaden im „Kurfürstendamm-Stil" geprägt.
Heute ist der **Ku'-Damm** Berlins bekanntester und beliebtester Boulevard.

Luisenkirche, auf dem Gierkeplatz.
1712–16 als Pfarrkirche der 1705 gegründeten Stadt Charlottenburg erbaut. Der mehrfach veränderte Bau erhielt seine heutige Gestalt im Jahr 1823, als Karl Friedrich Schinkel den Turm hinzufügte. 1943 brannte die Kirche aus. 1956 wurde sie, nur geringfügig verändert, wiederaufgebaut.

Maria-Regina-Martyrum-Kirche, am Heckerdamm.
Ein moderner Kirchenbau, der dem Andenken der Widerstandskämpfer gewidmet ist. 1960–62 vom Würzburger Dombaumeister Hans Schädel und dem Architekten Friedrich Ebert erbaut. Mittelpunkt der Gedenkstätte ist die Krypta mit drei „Symbol-Gräbern" neben dem Altar. Die Oberkirche über der Krypta ist die eigentliche Pfarrkirche.
Vor den Umfassungsmauern des angrenzenden Friedhofs stehen sieben abstrakte Plastikgruppen von Otto Herbert Hajek, die den Leidensweg Christi darstellen.

Ehemaliger **Marstall,** Ecke Nithackstraße/Luisenplatz.
1855–58 als schmuckloser Ziegelbau errichtet. Wird heute vom Ägyptischen Museum genutzt. Davor steht die Meilensäule von 1799.

„Mausoleum", im Park des Schlosses Charlottenburg.
1810 von Heinrich Gentz als Grufthaus in Form eines kleinen dorischen Tempels für die in jenem Jahr verstorbene Königin Luise erbaut.
Die auf den Sarkophagen ruhenden Marmor-Bildnisfiguren der Königin Luise und des 1840 verstorbenen Friedrich Wilhelm III. sind Werke von Christian Daniel Rauch. Neben diesen beiden sind hier Kaiser Wilhelm I. und seine Gemahlin Augusta beigesetzt, die Marmorsarkophage schuf 1894 der Bildhauer Erdmann Encke.

Messegelände am Funkturm, Messedamm.
1913 Baubeginn der ersten großen Halle. 1921 Eröffnung mit einer Automobilausstellung. 1925 Errichtung des Funkturms. 1936 erhielt das Gelände seine heutige Gestalt durch die Neubauten Richard Ermischs. Nach dem Krieg wurde das Gelände erweitert. Hier finden u. a. seit 1926 die **„Grüne Woche"**, die **„Große Deutsche Funkausstellung"**, seit 1950 die **„Deutsche Industrieausstellung"** statt. Ein neues **Kongreßzentrum** entsteht seit 1975 in Verbindung mit der alten Anlage.

Olympia-Stadion, Olympische Straße.
1934–36 nach Plänen von Werner March für die XI. Olympischen Spiele 1936 auf dem Gelände des sogenannten **„Reichssportfeldes"** erbaut. Es ersetzte das 1913 von seinem Vater Otto March an gleicher Stelle angelegte „Deutsche Stadion", das Schauplatz der wegen des Krieges ausgefallenen Olympischen Spiele von 1916 werden sollte.

Orangerie.
143 m lange Westfront des Schlosses Charlottenburg. Nach Kriegszerstörungen wiederaufgebaut. Dient heute Ausstellungszwecken.

Rathaus Charlottenburg, Otto-Suhr-Allee 96–102.
Von 1899–1905 nach den Plänen der Architekten Reinhardt und Süßenguth erbaut. Steht unter Denkmalschutz.

„Salamander-Haus", Kurfürstendamm 28.
1928 von Emil Schaudt erbaut.

„Schinkel-Pavillon", im Park des Schlosses Charlottenburg.
Am Osteingang des Parks ließ sich Friedrich Wilhelm III. 1825 von Karl Friedrich Schinkel dieses Sommerhaus errichten nach dem Vorbild einer Villa in Neapel, die er 1822 bewohnt hatte. 1943 brannte der Pavillon bis auf die Außenmauern aus, 1970 wurde er – historisch getreu aufgebaut – wieder eröffnet. Er enthält Gemälde, Plastiken und Kunstgewerbe der Schinkelzeit, darunter sieben Werke von Caspar David Friedrich.

Schloß Charlottenburg, Luisenplatz.
Als Landhaus „Lietzenburg" für Sophie Charlotte, Gemahlin Friedrichs I., 1695 von Arnold Nering erbaut, im Laufe der Jahre unter den verschiedenen preußischen Königen von bedeutenden Künstlern (1706/09 von Eosander v. Göthe, 1740 von G. W. v. Knobelsdorff, 1788 von C. G. Langhans) erweitert.
Nach dem Tod von Königin Sophie Charlotte, die ihre Lieblingsresidenz zu einem Mittelpunkt kulturellen Lebens gemacht hatte, wurde es in „Charlottenburg" umbenannt. Die letzten Monarchen, die das Schloß bewohnten, waren König Friedrich Wilhelm IV. und Kaiser Friedrich III.
Die historischen Räume sind in den alten Formen und Farben wiederhergestellt und der Öffentlichkeit zugänglich. Daneben beherbergt das Schloß heute zwei Museen: im „Knobelsdorff-Flügel" das Kunstgewerbemuseum, im ehemaligen „Schloßtheater" (1788 von Langhans gebaut) das Museum für Vor- und Frühgeschichte.

Technische Universität, Straße des 17. Juni.
Das im Krieg schwer beschädigte Hauptgebäude hat 1961–67 an

seiner Nordfront anstelle der einstigen Palastfassade von 1884 einen mit Aluminiumplatten verkleideten Hochhaustrakt erhalten, dem das niedrige fensterlose Auditorium maximum vorgelagert ist.
Zahlreiche Institute der TU wurden ab 1951 östlich der Fasanenstraße, vor allem aber auf dem Nordgelände zwischen der Straße des 17. Juni und dem Landwehrkanal errichtet.

U-Bahnhof Ruhleben, Charlottenburger Chaussee 15–17.
1929/30 von Alfred Grenander erbaut. Zur Zeit noch Endstation der nach Spandau geplanten Linie.

Villenkolonie "Westend".
1866 als Aktiengesellschaft gegründet, sollte sie am „Spandauer Berg" nach Londoner Vorbild als modernes und vornehmes „Westend" angelegt werden. In den nachfolgenden Jahren entstanden schnell zahlreiche Villen und Landhäuser in einer auf Berliner Boden fast einmaligen Stilmischung.
Hier ruinierte sich der Grundstücksspekulant Heinrich Quistorp mit ehrgeizigen Projekten. Höhepunkt war der von ihm als 80 m hohes Monument geplante Wasserturm, der **„Germania-Turm"**, im Volksmund „Tempel des Wahns" genannt, der als großangelegte Attraktion – mit Gaststätte, Ruhmeshalle und Aussichtsturm – das neue Viertel mit eigenem Trinkwasser versorgen sollte. Das ringsum mit Säulen geschmückte Turm-Bauwerk blieb unvollendet und wurde 1892 in die Luft gesprengt. Das Westend aber hat sich als ruhige Wohngegend erhalten, in der auch heute noch einige bemerkenswerte Häuser aus der ersten Bebauungszeit vorhanden sind.

„Waldbühne", Am Glockenturm.
1934–36 von Werner March erbaut. Dieses Theater mit seinen 25 000 Sitzplätzen in 88 Reihen ist eine der größten und schönsten Freilichtbühnen Europas, vorwiegend für kulturelle Großveranstaltungen der leichten Muse genutzt. Nachdem bei einem Konzert der „Rolling Stones" fast alles Mobiliar zerschlagen wurde, gab es jahrelang keine Veranstaltungen mehr.

Wohnhäuser Heerstraße 161 und **Am Rupenhorn 24.**
1928 von den Brüdern Hans und Wassili Luckhardt und Alfons Anker erbaut.

Wohnhaus Mendelsohn, Am Rupenhorn 6.
1929 von Erich Mendelsohn erbaut.

Literatur

Autorenbuchhandlung, Carmerstraße 10.
Buchhandlung, die 1976 durch eine Selbsthilfeaktion Berliner Autoren zustande kam. Der Schwerpunkt liegt auf Büchern und Zeitschriften, die geringere Chancen im Massenbuchhandel haben, sowie auf dem Versuch, literarisch wichtige Bücher auch früherer Erscheinungsjahre auf Lager zu halten. Die Buchhandlung organisiert regelmäßig literarische Veranstaltungen.

Martin Beheim-Schwarzbach, 1900, Schriftsteller.
Wohnte Ebereschenallee 18 in einem Haus, das Paul Schultze-Naumburg 1907/08 erbaut hatte.

Franz Blei, 1871–1942, Schriftsteller.
Wohnte 1913 Lietzenseeufer 2 a, 1914 in der Herbartstraße 16.

Ferdinand Bruckner, 1891–1958, Dramatiker.
Gründete 1923 in Berlin das **Renaissance-Theater,** dessen Leiter er bis 1928 war. Hatte mit seinen „Reportage"-Stücken sensationelle Bühnenerfolge. Er emigrierte 1933 und kehrte 1951 nach Berlin zurück.
Sein Grab liegt auf dem Friedhof Heerstraße, Trakehner Allee 1.

Buchhändler-Keller, Carmerstraße 3.
Hier finden jede Woche donnerstags um 21 Uhr Lesungen bekannter oder noch unbekannter Autoren statt. Initiator dieser langjährigen verdienstvollen Einrichtung (früher war der „Keller" in der Görresstraße in Friedenau) ist K. P. Herbach, der auf unbürokratische Art diese Lesungen organisiert, für die weder der Autor ein Honorar erhält noch die Zuhörer Eintritt zahlen.

Hedwig Courths-Mahler, 1867–1950, Unterhaltungsschriftstellerin.
Wohnte von 1915 bis Ende der 20er Jahre im Haus Knesebeckstraße 12, einem einst repräsentativen Wohnhaus von 1893, das heute, nach abgeschlossener Restaurierung, als Beispiel Alt-Berliner Bauweise gelten kann.

Theodor Däubler, 1876–1934, Lyriker, Reiseschriftsteller.
Lebte ab 1898 zeitweise in Berlin, von 1916–19 als Kunstkritiker, kehrte nach Auslandsaufenthalten und -reisen 1926 schwer krank wieder zurück.
Grab: Friedhof Heerstraße, Trakehner Allee 1.

Leonhard Frank, 1882–1961, Erzähler.
Lebte von 1910–15 und von 1920 bis zur Emigration 1933 als freier Schriftsteller in Berlin. Kehrte nach dem II. Weltkrieg für einige Jahre nach Berlin zurück; er wohnte in der Bismarckstraße 12.

Maximilian Harden, 1861–1927, Essayist, Kritiker, Satiriker.
Gründete 1892 die politische Wochenschrift „Die Zukunft", und bekämpfte als Demokrat Wilhelminismus und Nationalismus.
Grab: Friedhof Heerstraße, Trakehner Allee 1.

Gerhart Hauptmann, 1862–1946, Schriftsteller.
Lebte ab 1889 ein paar Jahre in Charlottenburg in der Schlüterstraße 78.

Max Herrmann-Neiße, 1886–1941, Lyriker.
Kam 1917 als freier Schriftsteller und Theaterkritiker nach Berlin. Emigrierte 1933 in die Schweiz.
Wohnte Kurfürstendamm 215 (Gedenktafel).

Georg Heym, 1887–1912, Lyriker.
Kam 1900 nach Berlin, studierte hier u. a. Jura, war Mitglied des **„Neopathetischen Cabarets",** wo er 1910 seine erste Lesung hatte. Ertrank mit seinem Freund Ernst Balcke beim Eislauf auf der Havel.
Grab: Friedhof III der Luisenkirchengemeinde, Fürstenbrunner Weg.

Arno Holz, 1863–1929, Lyriker und Dramatiker.
Zusammen mit Johannes Schlaf Initiator des deutschen Naturalismus.
Lebte seit 1875 als Redakteur und freier Schriftsteller in Berlin, war erster Schriftleiter der **„Freien Bühne".**
Grab: Friedhof Heerstraße, Trakehner Allee 1.

Gertrud Kolmar, 1894–1943, Lyrikerin.
Verbrachte ihre Kindheit und Jugend in der Ahornallee 37.
Starb in einem Konzentrationslager.

Max Kretzer, 1854–1941, naturalistischer Erzähler.
War mit 13 Jahren Fabrikarbeiter, begann, nach einem Unfall, auf dem Krankenlager zu schreiben; sozial anklagende, auch religionskritische Milieuromane. Wohnte in der Mommsenstraße 60, und in der Bayernallee 43. Sein Grab befindet sich auf dem Alten Luisenfriedhof, Königin-Elisabeth-Straße.

Robert Musil, 1880–1942, Schriftsteller.
War schon als Student in Berlin, kam 1931 wieder und schrieb im Haus Kurfürstendamm 217 (Gedenktafel) an dem Roman „Der Mann ohne Eigenschaften".

Carl von Ossietzky, 1889–1938, pazifistischer Publizist.
War von 1927–33 Herausgeber der **„Weltbühne".**
Eine Gedenktafel am Haus Kantstraße 152 erinnert an ihn und seine sechsjährige Tätigkeit in diesem Haus. Starb 1938 im Konzentrationslager Sachsenhausen.

Gerhart Pohl, 1902–1966, Erzähler, Dramatiker.
War nach seinem Studium Verlagslektor in Berlin. Lebte dann ab 1946 wieder hier, und wohnte im Haus Uhlandstraße 173/74.

Hans José Rehfisch, 1891–1960, Dramatiker, Romancier.
War Richter, Rechtsanwalt, Syndikus und Theaterdirektor in Berlin. Wurde 1933 inhaftiert, 1936 Emigration.
Wohnte Württembergallee 26.

Joachim Ringelnatz, 1883–1934, Lyriker.
Wurde in Berlin von Hans von Wolzogen für die Kleinkunstbühne **„Schall und Rauch"** entdeckt, wo er bis 1933 mit eigener Lyrik auftrat.

Wissenschaft

Ernst-Reuter-Haus, Straße des 17. Juni 112.
Kommunalwissenschaftliches Forschungszentrum.
Im selben Haus untergebracht ist die **Senatsbibliothek,** das Landesarchiv Berlin, die Zweigstelle des **Deutschen Städtetages** und die **Bibliothek des Vereins für die Geschichte Berlins.**

Hochschule der Künste Berlin, Hardenbergstraße 33.
1975 aus der Zusammenlegung der Staatlichen Hochschule für Bildende Künste und der Staatlichen Hochschule für Musik und Darstellende Kunst hervorgegangen. Die Hochschule gliedert sich in neun Abteilungen: Bildende Kunst, Architektur, Design, Visuelle Kommunikation, Werbung und Kommunikationstechnik, Kunsterziehung und Kunstwissenschaft, Musik, Musikerziehung und Musikwissenschaft und Darstellende Künste.

Landesarchiv Berlin, im Ernst-Reuter-Haus, Straße des 17. Juni 112.
Es enthält die Sammlungen: Berliner Stadtgeschichte, Stadtchronik, Zeitgeschichte, Dokumente ab 1945 und ein Zeitungsarchiv.

Technische Universität Berlin, Straße des 17. Juni 135.
1879 aus dem Zusammenschluß der **Bauakademie** (gegründet 1799) und der **Gewerbeakademie** (1821) entstanden.
Im II. Weltkrieg weitgehend zerstört, konnte sie bereits am 9. April 1946 wiedereröffnet werden. Die Umbenennung in Technische Universität (TU) verpflichtete die Hochschule über die technischen Disziplinen hinaus auf ein umfassendes humanistisches Bildungsziel. Die nach der Wiedereröffnung eingerichtete Humanistische Fakultät wurde 1973 in einen Fachbereich Sozialwissenschaft und einen Fachbereich Geschichte und Kommunikationswissenschaften aufgeteilt.
Insgesamt studieren an der TU heute in 21 Fachbereichen ca. 20 000 Studenten.

Sonstiges

Amerika-Haus, Hardenbergstraße 22/24.
1946 als Informationszentrum über die USA für die deutsche Bevölkerung in der Kleiststraße eröffnet, später in die Einemstraße am Nollendorfplatz verlegt. Das neue Gebäude in unmittelbarer Nähe des Bahnhofs Zoo wurde 1957 eröffnet. Mit Bibliotheks-, Lese-, Musik-, Film- und Ausstellungsräumen dient es der Pflege deutsch-amerikanischer Beziehungen.

Avus (Automobil-Verkehrs- und Übungsstraße).
1921 fand auf dieser ersten deutschen Autorennstrecke das erste Automobilrennen statt, das von dem durch seine Rekordversuche mit einem Raketenauto bekannten Fritz von Opel gewonnen wurde. Die berühmte steile Nordkurve wurde 1967 abgetragen. Obwohl auch heute noch Autorennen stattfinden, ist die Avus als Autobahnzubringer für den Berlin-Verkehr ungleich wichtiger.

Berliner Tanzakademie.
Privates Institut, angeschlossen an die Deutsche Oper, unter Leitung von Gert Reinholm.
Angegliedert ist das **Gsovsky-Institut,** dessen Leiterin Tatjana Gsovsky die jüngeren Kinder unterrichtet.

Britischer Soldatenfriedhof, an der Heerstraße.
1955–57 von der British Imperial War Graves Commission und dem Senator für Bau- und Wohnungswesen angelegt.

Ehemaliges **„Café des Westens“,** Kurfürstendamm/Ecke Joachimstaler Straße.
Anfang der 20er Jahre entstanden. Ernst von Wolzogen gründete zu der Zeit das literarische Kabarett **„Überbrettl“,** Max Reinhardt entwickelte die Ideen für seine **„Schall-und-Rauch“-Bühne.** Hier entstanden der **„Sturm“** und die **„Aktion“.**
Stammgäste waren u. a. auch Arno Holz, Johannes Schlaf, René Schickele, die Brüder Hart, Peter Hille, Else Lasker-Schüler und Paul Scheerbart. Abgelöst wurde das sog. „Café Größenwahn“ durch das „Romanische Café“, in das man sich später zurückzog.

Paul Cassirer, 1871–1926, Kunsthändler.
Eröffnete 1898 in Berlin einen Kunstsalon, aus dem sich bald auch ein Verlag entwickelte. War einer der wichtigsten Förderer des Impressionismus.
Grab: Friedhof Heerstraße, Trakehner Allee 1.

Deutsche Film- und Fernsehakademie Berlin GmbH, Pommernallee 1.
Förderung der künstlerischen Entwicklung des Films und Fernsehens auf Grund praktischen Unterrichts sowie Vermittlung von Kenntnissen über Film und Fernsehen durch Dokumentationen und Seminare.

Deutschlandhalle, Messedamm 26.
1935 zu den „XI. Olympischen Spielen 1936“ errichtete große Sporthalle, im Krieg zerstört; Wiederaufbau 1956/57 nach Entwurf von Paul Schwebes.
Hier finden Großveranstaltungen aller Art statt, vom „Sechs-Tage-Rennen“ bis zur Eisrevue.

Ehrenmal für die Opfer des Nationalsozialismus, am Steinplatz.
Aus den Steinen der ehemaligen Hauptsynagoge 1953 errichtet.
Daneben der **Gedenkstein für die Opfer des Stalinismus,** der 1951 errichtet wurde.

Evangelisches Konsistorium Berlin-Brandenburg, Jebensstraße 3.
Ausbildung zu Kirchenbeamten auf dem Gebiet der allgemeinen kirchlichen Verwaltung, des Kirchensteuerwesens, der Gemeindeverwaltung.

Trödelmarkt Klausenerplatz, am Spandauer Damm.
Hier wird Trödel feilgeboten, von Kristall und Sammeltasse bis zu Kneifzange und Elektrokabel.

Ehemaliges **Forum-Theater,** Kurfürstendamm 203.
Experimentelle Bühne, die 1974 wegen Streichung der Subvention schließen mußte. Zeigte Erstaufführungen u. a. von Fernando Arrabal und Peter Handke und wichtige Gastspiele ausländischer experimenteller Theatergruppen.

Gedenkstätte Plötzensee, am Hüttigpfad.
Auf dem Gelände der ehemaligen Strafanstalt – heute Jugendgefängnis – hat der Senat von Berlin 1952 eine Gedenkstätte an der Stelle geschaffen, an der während der Jahre der Hitlerdiktatur 1933–45 Hunderte von Menschen wegen ihres Kampfes für Menschenrecht und politische Freiheit hingerichtet worden waren.
„Berlin ehrt durch diese Gedenkstätte die Millionen Opfer des Dritten Reiches, die wegen ihrer politischen Überzeugung, ihres religiösen Bekenntnisses oder ihrer rassischen Abstammung diffamiert, mißhandelt, ihrer Freiheit beraubt oder ermordet worden sind.“

„Gipfsformerei“ der Staatlichen Museen Preußischer Kulturbesitz, Sophie-Charlotte-Straße 17/18.
Besteht hier seit 1891. Ausstellung und Verkauf von Nachbildungen von Plastiken, Reliefs und Gefäßen von der Antike bis zum 19. Jahrhundert aus Europa, Afrika, Asien und Alt-Amerika.

Goethe-Institut, Knesebeckstraße 38.
Das „Goethe-Institut zur Pflege deutscher Sprache und Kultur im Ausland e. V.“ ist eine private vom Auswärtigen Amt in Bonn geförderte Institution. Neben seinen rund 120 Kulturinstituten im Ausland hat es auch über 20 Institute in Deutschland eingerichtet, an denen Ausländer die deutsche Sprache erlernen können und Kontakte zum kulturellen Leben der jeweiligen Städte vermittelt bekommen.

Ludwig von Hinkeldey, 1805–1856, Berliner Polizeipräsident von 1848–56.
Zu seinen Lebzeiten war er ein wenig beliebter Mann, den die Bevölkerung als selbstherrlichen und unnachsichtigen Hüter des Gesetzes fürchtete, der sich aber auch unermüdlich für die Belange der Bevölkerung einsetzte. Berlin verdankt ihm die Feuerwehr, das erste Wasserwerk, das Einwohnermeldeamt, viele der damaligen sozialen Einrichtungen und die Litfaßsäule des Buchdruckers Ernst Litfaß, die er ein Jahr vor seinem Tod einführte. Er starb im Duell gegen den Gardeoffizier Hans von Rochow-Plessow.
Ein steinernes Gedenkkreuz im Volkspark Jungfernheide unmittelbar neben dem Kurt-Schumacher-Damm erinnert an ihn und dieses Ereignis.
Literarisch festgehalten ist das Duell in Fontanes Roman „Irrungen Wirrungen“.

Jüdischer Friedhof, im Grunewald nahe Heerstraße.
1954 angelegt.

Jungfernheide.
Der Name geht auf das 1239 gegründete Benediktinerinnenkloster in Spandau zurück, in dessen Besitz das Waldgelände bis ins 16. Jahrhundert war. Später wurde die Jungfernheide, die damals über einen großen Wildreichtum verfügte, Jagdgebiet des Kurfürsten Joachim II. Heute ist der Wald zu einer kleinen Parkanlage – dem **Volkspark Jungfernheide** – zusammengeschrumpft, in der Dam- und Schwarzwild in Gehegen gehalten wird.

Kabarett „Die Stachelschweine“, Europa-Center.
Berlins ältestes Kabarett der Nachkriegszeit, 1949 von Rolf Ulrich gegründet.

„Komödie“, Kurfürstendamm 206.
1924 nach Entwurf von Oskar Kaufmann errichtet, 1951 wiederhergestellt und umgebaut von Hans Schoszberger. Boulevardstücke.

„Kultureller Frühschoppen“ im Schloßpark.
Eine Einrichtung des Kunstamts Charlottenburg, 1976 zum ersten Mal erprobt, die jährlich ab Ende Mai bis Ende August jeden Sonntag im Schloßpark veranstaltet wird. Auf der Wiese vor dem „Schinkel-Pavillon“ versammelt man sich, musiziert und diskutiert, ein Treff für Familien ebenso wie für Einzelgänger.

Kunstgewerbemuseum, im Knobelsdorff-Flügel des Schlosses Charlottenburg.
Sammlung des europäischen Kunsthandwerks vom frühen Mittelalter bis zum 20. Jahrhundert. Welfenschatz, Lüneburger Ratssilber, Gold- und Silberschmiedearbeiten, Teppiche, Porzellane usw.

Helene Lange, 1848–1930, Gründerin des Allgemeinen Deutschen Lehrerinnen-Vereins; Führerin in der deutschen Frauenbewegung und Vorkämpferin für das Frauenstimmrecht.
Grab: Friedhof Heerstraße, Trakehner Allee 1.

Der Lietzensee, rechts und links der Kantstraße.
Die erste urkundliche Erwähnung von 1393 nennt ihn „Sehe zur Lueze“, eine andere von 1717 „Krummer oder Lietzer See“, auf der 1825 gezeichneten Separationskarte heißt er „Lützower See“, und leitet sich demnach von dem Dorf Lützow oder Lietzow ab, von dem heute nur noch der Platzname Alt-Lietzow in Charlottenburg erhalten ist. Das damals 80 000 qm große Gelände erwarb der Generaladjutant und spätere Kriegsminister Job Wilhelm von Witzleben, nach dem die Besitzung dann 1840 offiziell benannt wurde. Nach mehrmaligem Besitzerwechsel kaufte die Terrain-Gesellschaft den **„Park Witzleben“** und errichtete dort um die Jahrhundertwende einige Mietshäuser im wilhelminischen Prunkstil und die Brücke an der Neuen Kantstraße. Park und See gingen dann 1910 in den Besitz der Stadt Charlottenburg über.

Meilensäule, am Luisenplatz.
Dieser Meilenstein mit der Aufschrift „1 Meile von Berlin“ wurde 1799 aufgestellt und bezeichnete die Entfernung vom Berliner Stadtschloß (7,1 km).

Museum für Vor- und Frühgeschichte, im Langhans-Bau des Schlosses Charlottenburg.
Gehört zur „Stiftung Preußischer Kulturbesitz“. Enthält archäologische Funde von der Alt-Steinzeit bis zum frühen Mittelalter speziell des Berliner Raums.

Park Ruhwald, am Spandauer Damm.
1866 erwarb der Kommerzienrat Ludwig von Schaeffer-Voith, Besitzer der 1854 begründeten „Berliner illustrierten Damenzeitung Der Bazar“, das Gelände am Hang des Spreetals, nannte die 100 000 qm große Besitzung „Ruhwald“ und ließ sich 1867/68 das „Schloß“ Ruhwald erbauen, eine Villa im Stil der Neorenaissance mit überreichem Statuenschmuck des Bildhauers Calandrelli. Park und Schloß Ruhwald wurden 1925 von der Stadt Berlin erworben; das baufällige Schloß mußte 1937 abgerissen werden. Erhalten sind heute neben den im Park aufgestellten Marmorbüsten, die den damaligen Besitzer und seine Frau darstellen, nur die „Arkadenhalle“ und der einstige Pferdestall.

Poddig-Automobil-Museum, Sophie-Charlotte-Straße 41.
Privatsammlung von etwa 100 Fahrzeugen aus sieben Jahrzehnten.

Renaissance-Theater, Hardenbergstraße 6.
1923 von Ferdinand Bruckner gegründet. Seit 1946 leitet Kurt Raeck das Theater. Geboten werden Klassiker und gehobene Unterhaltung. Das 1911 von Oskar Kaufmann erbaute Gebäude steht unter Denkmalschutz. Vor dem Theater steht der **„Entenbrunnen“,** 1911 von August Gaul geschaffen, ein Geschenk des Kunsthändlers Paul Cassirer an die Stadt Charlottenburg.

Ehemaliges **„Romanisches Café“,** Budapester Straße/Ecke Tauentzienstraße (heute Europa-Center).
Erlangte als Nachfolger des „Café des Westens“ literarische Berühmtheit als „Stamm-Café“ vieler Literaten und Künstler. Ernst von Wolzogen, Max Reinhardt, Paul Lindau, Friedrich Holländer, Hermann Kesten – bei ihren Berlin-Aufenthalten auch Joseph Roth und Karl Kraus – waren hier oft anzutreffen unter vielen anderen. Im Krieg wurde es zerstört.

Schiller-Theater, Bismarckstraße 110.
Großes Haus der „Staatlichen Schauspielbühnen Berlin“. Das in den Jahren 1901–1907 erbaute „Volkstheater“, mit Schillers „Räubern“ eröffnet, wurde im Krieg zerstört. 1951 wurde das neue von den Architekten Heinz Völker und Rolf Grosse erbaute Haus mit Schillers „Wilhelm Tell“ wiedereröffnet. Es zeigt klassisches und modernes Schauspiel. Angeschlossen ist die „Schiller-Theater-Werkstatt“.

Schiller-Theater-Werkstatt, Bismarckstraße 110.
Studiobühne des Schiller-Theaters mit 197 Plätzen. Konzentriert sich auf modernes Experimentiertheater.

Sender Freies Berlin, Masurenallee 8–14.
Als Westberliner Radio- und Fernsehsender 1954 gegründet, untergebracht im Haus des Rundfunks (1929–31 von Hans Poelzig erbaut), das 1971 durch das von Robert Tepez in den Jahren davor neuerbaute Fernsehzentrum am Theodor-Heuss-Platz erweitert wurde.

Stiftung Deutsche Kinemathek, Pommernallee 1.
1963 gegründet. Sie sammelt deutsche und ausländische Filme und Filmgeräte, Filmproduktionsunterlagen, Fachliteratur und Quellenmaterial.

Theater am Kurfürstendamm, Kurfürstendamm 207.
1921 wurde von Oskar Kaufmann das Ausstellungshaus der Berliner Sezession in ein Saaltheater umgestaltet. 1928 übernahm Max Reinhardt das Haus. Nach schweren Schäden im II. Weltkrieg wurde es im Dezember 1947 wiedereröffnet und diente längere Zeit der Freien Volksbühne als Theaterraum. Heute Boulevardtheater.

Theater des Westens, Kantstraße 12.
Von Bernhard Sehring erbaut und als Volksoper eröffnet. Caruso und andere bekannte Sänger hatten hier ihre ersten Auftritte in Berlin. Von 1945 ab Domizil der Städtischen Oper Berlin, die bis zur Eröffnung der Deutschen Oper Berlin 1961 in der Bismarckstraße hier spielten. Heute Operetten- und Musical-Theater.

Theologisch-Pädagogische Akademie des Bistums Berlin, Westendallee 54.
Besteht seit Oktober 1966 und dient vor allem als theologische und religionspädagogische Ausbildungs- und Weiterbildungsinstitution für katholische Religionslehrer.

Tribüne, Otto-Suhr-Allee 18–20.
Volksstücke, zeitkritisches Theater, Kindertheater.

Vaganten-Bühne, Kantstraße 12 a.
Kellertheater am Delphi-Palast.

Westend-Klause, Reichsstraße.
1927 von Walter Franke als erste Gaststätte Neu-Westends eröffnet. Stammkneipe von Joachim Ringelnatz.

Werkbund-Archiv, Schloßstraße 1.
1907 wurde der **„Deutsche Werkbund“** von Künstlern, Industriellen und Kunsthandwerkern mit dem Ziel gegründet, die Qualität der Gegenstände des täglichen Gebrauchs zu verbessern. Daneben beschäftigt er sich mit den Kunsterziehungs-Strömungen und ästhetischen Fragen des 20. Jahrhunderts. Das Archiv besteht seit 1972.

Tiergarten

Wedding

Reinickendorf

Spandau

Charlottenburg

Abbildungsverzeichnis